最新法律文件解读丛书

行政与执行法律文件解读

总第 179 辑(2019.11)

最新法律文件解读丛书编选组　编

人民法院出版社

图书在版编目(CIP)数据

行政与执行法律文件解读．总第179辑/最新法律文件解读丛书编选组编．--北京:人民法院出版社,2019. 12
(最新法律文件解读丛书)
ISBN 978-7-5109-2706-5

Ⅰ.①行… Ⅱ.①最… Ⅲ.①行政法-法律解释-中国
Ⅳ.①D922. 105

中国版本图书馆CIP数据核字(2019)第270488号

行政与执行法律文件解读·总第179辑
最新法律文件解读丛书编选组　编

责任编辑　张　奎
出版发行　人民法院出版社
地　　址　北京市东城区东交民巷27号　邮编　100745
电　　话　(010)67550673(责任编辑)　67550558(发行部查询)
65223677(读者服务部)
客服QQ　2092078039
网　　址　http://www.courtbook.com.cn
E-mail　courtbook@sina.com
印　　刷　三河市国英印务有限公司
经　　销　新华书店
开　　本　787毫米×1092毫米　1/16
字　　数　140千字
印　　张　8
版　　次　2019年12月第1版　2019年12月第1次印刷
书　　号　ISBN 978-7-5109-2706-5
定　　价　22.00元

卷首语

2019年10月22日，国务院总理李克强签署国务院令公布《优化营商环境条例》（以下简称《条例》），自2020年1月1日起施行。制定《条例》最重要最核心的意义，就是把近年来各地区、各部门在优化营商环境方面大量行之有效的政策、经验、做法上升到法规制度，使其进一步系统化、规范化，增强权威性、时效性和法律约束力，从制度层面为优化营商环境提供更加有力的保障和支撑。《条例》对优化营商环境的作用，不仅仅体现在条文本身，还在于《条例》必将进一步增强各级政府以及社会各方面对优化营商环境的意识，在全社会营造优化营商环境的浓厚氛围，稳定预期、提振信心，这种作用更具有基础性和持久性。

2019年9月26日，最高人民法院发布《最高人民法院关于为河北雄安新区规划建设提供司法服务和保障的意见》（以下简称《意见》）。《意见》紧紧围绕雄安新区规划建设的发展目标，要求各级法院切实找准为雄安新区规划建设提供司法服务和保障的切入点、着力点。要牢牢把握积极稳妥有序疏解北京非首都功能的要求，坚持法治思维和问题导向，聚焦创新发展、城市建设、公共服务等重点领域和关键环节存在的司法问题，加强调查研究，制定司法政策、创新工作机制，充分满足雄安新区创新发展的司法需求，全方位提升司法服务和保障雄安新区规划建设的能力和水平。

《最新法律文件解读》丛书
编　辑　部

范春雪　（010）67550525

姜　峤　（010）67550573

丁丽娜　（010）67550608

张　奎　（010）67550673

路建华　（010）67550660

执行编辑　张　奎

邮　　箱　271717306@ qq. com

目 录

【新类型疑难案例选评】

[行政法规、法规性文件与解读]

优化营商环境条例

2019 年 10 月 22 日　　　　国务院令第 722 号

第一章　总　　则

第一条　为了持续优化营商环境，不断解放和发展社会生产力，加快建设现代化经济体系，推动高质量发展，制定本条例。

第二条　本条例所称营商环境，是指企业等市场主体在市场经济活动中所涉及的体制机制性因素和条件。

第三条　国家持续深化简政放权、放管结合、优化服务改革，最大限度减少政府对市场资源的直接配置，最大限度减少政府对市场活动的直接干预，加强和规范事中事后监管，着力提升政务服务能力和水平，切实降低制度性交易成本，更大激发市场活力和社会创造力，增强发展动力。

各级人民政府及其部门应当坚持政务公开透明，以公开为常态、不公开为例外，全面推进决策、执行、管理、服务、结果公开。

第四条　优化营商环境应当坚持市场化、法治化、国际化原则，以市场主体需求为导向，以深刻转变政府职能为核心，创新体制机制、强化协同联动、完善法治保障，对标国际先进水平，为各类市场主体投资兴业营造稳定、公平、透明、可预期的良好环境。

第五条　国家加快建立统一开放、竞争有序的现代市场体系，依法促进各类生产要素自由流动，保障各类市场主体公平参与市场竞争。

第六条　国家鼓励、支持、引导非公有制经济发展，激发非公有制经济活力和创造力。

国家进一步扩大对外开放，积极促进外商投资，平等对待内资企业、外商投资企业等各类市场主体。

第七条 各级人民政府应当加强对优化营商环境工作的组织领导，完善优化营商环境的政策措施，建立健全统筹推进、督促落实优化营商环境工作的相关机制，及时协调、解决优化营商环境工作中的重大问题。

县级以上人民政府有关部门应当按照职责分工，做好优化营商环境的相关工作。县级以上地方人民政府根据实际情况，可以明确优化营商环境工作的主管部门。

国家鼓励和支持各地区、各部门结合实际情况，在法治框架内积极探索原创性、差异化的优化营商环境具体措施；对探索中出现失误或者偏差，符合规定条件的，可以予以免责或者减轻责任。

第八条 国家建立和完善以市场主体和社会公众满意度为导向的营商环境评价体系，发挥营商环境评价对优化营商环境的引领和督促作用。

开展营商环境评价，不得影响各地区、各部门正常工作，不得影响市场主体正常生产经营活动或者增加市场主体负担。

任何单位不得利用营商环境评价谋取利益。

第九条 市场主体应当遵守法律法规，恪守社会公德和商业道德，诚实守信、公平竞争，履行安全、质量、劳动者权益保护、消费者权益保护等方面的法定义务，在国际经贸活动中遵循国际通行规则。

第二章 市场主体保护

第十条 国家坚持权利平等、机会平等、规则平等，保障各种所有制经济平等受到法律保护。

第十一条 市场主体依法享有经营自主权。对依法应当由市场主体自主决策的各类事项，任何单位和个人不得干预。

第十二条 国家保障各类市场主体依法平等使用资金、技术、人力资源、土地使用权及其他自然资源等各类生产要素和公共服务资源。

各类市场主体依法平等适用国家支持发展的政策。政府及其有关部门在政府资金安排、土地供应、税费减免、资质许可、标准制定、项目申报、职称评定、人力资源政策等方面，应当依法平等对待各类市场主体，不得制定或者实施歧视性政策措施。

第十三条 招标投标和政府采购应当公开透明、公平公正，依法平等对待各类所有制和不同地区的市场主体，不得以不合理条件或者产品产地来源等进行限制或者排斥。

政府有关部门应当加强招标投标和政府采购监管，依法纠正和查处违法违规行为。

第十四条 国家依法保护市场主体的财产权和其他合法权益，保护企业经营者人身和财产安全。

严禁违反法定权限、条件、程序对市场主体的财产和企业经营者个人财产实施查封、冻结和扣押等行政强制措施；依法确需实施前述行政强制措施的，应当限定在所必需的范围内。

禁止在法律、法规规定之外要求市场主体提供财力、物力或者人力的摊派行为。市场主体有权拒绝任何形式的摊派。

第十五条 国家建立知识产权侵权惩罚性赔偿制度，推动建立知识产权快速协同保护机制，健全知识产权纠纷多元化解决机制和知识产权维权援助机制，加大对知识产权的保护力度。

国家持续深化商标注册、专利申请便利化改革，提高商标注册、专利申请审查效率。

第十六条 国家加大中小投资者权益保护力度，完善中小投资者权益保护机制，保障中小投资者的知情权、参与权，提升中小投资者维护合法权益的便利度。

第十七条 除法律、法规另有规定外，市场主体有权自主决定加入或者退出行业协会商会等社会组织，任何单位和个人不得干预。

除法律、法规另有规定外，任何单位和个人不得强制或者变相强制市场主体参加评比、达标、表彰、培训、考核、考试以及类似活动，不得借前述活动向市场主体收费或者变相收费。

第十八条 国家推动建立全国统一的市场主体维权服务平台，为市场主体提供高效、便捷的维权服务。

第三章　市场环境

第十九条 国家持续深化商事制度改革，统一企业登记业务规范，统一数据标准和平台服务接口，采用统一社会信用代码进行登记管理。

国家推进“证照分离”改革，持续精简涉企经营许可事项，依法采取直接取消审批、审批改为备案、实行告知承诺、优化审批服务等方式，对所有涉企经营许可事项进行分类管理，为企业取得营业执照后开展相关经营活动提供便利。除法律、行政法规规定的特定领域外，涉企经营许可事项不得作为企业登记的前置条件。

政府有关部门应当按照国家有关规定，简化企业从申请设立到具备一般性经营条件所需办理的手续。在国家规定的企业开办时限内，各地区应当确定并公开具体办理时间。

企业申请办理住所等相关变更登记的，有关部门应当依法及时办理，不得限制。除法律、法规、规章另有规定外，企业迁移后其持有的有效许可证件不再重复办理。

第二十条 国家持续放宽市场准入，并实行全国统一的市场准入负面清单制度。市场准入负面清单以外的领域，各类市场主体均可以依法平等进入。

各地区、各部门不得另行制定市场准入性质的负面清单。

第二十一条 政府有关部门应当加大反垄断和反不正当竞争执法力度，有效预防和制止市场经济活动中的垄断行为、不正当竞争行为以及滥用行政权力排除、限制竞争的行为，营造公平竞争的市场环境。

第二十二条 国家建立健全统一开放、竞争有序的人力资源市场体系，打破城乡、地区、行业分割和身份、性别等歧视，促进人力资源有序社会性流动和合理配置。

第二十三条 政府及其有关部门应当完善政策措施、强化创新服务，鼓励和支持市场主体拓展创新空间，持续推进产品、技术、商业模式、管理等创新，充分发挥市场主体在推动科技成果转化中的作用。

第二十四条 政府及其有关部门应当严格落实国家各项减税降费政策，及时研究解决政策落实中的具体问题，确保减税降费政策全面、及时惠及市场主体。

第二十五条 设立政府性基金、涉企行政事业性收费、涉企保证金，应当有法律、行政法规依据或者经国务院批准。对政府性基金、涉企行政事业性收费、涉企保证金以及实行政府定价的经营服务性收费，实行目录清单管理并向社会公开，目录清单之外的前述收费和保证金一律不得执行。推广以金融机构保函替代现金缴纳涉企保证金。

第二十六条 国家鼓励和支持金融机构加大对民营企业、中小企业的支持力度，降低民营企业、中小企业综合融资成本。

金融监督管理部门应当完善对商业银行等金融机构的监管考核和激励机制，鼓励、引导其增加对民营企业、中小企业的信贷投放，并合理增加中长期贷款和信用贷款支持，提高贷款审批效率。

商业银行等金融机构在授信中不得设置不合理条件，不得对民营企业、中小企业设置歧视性要求。商业银行等金融机构应当按照国家有关规定规范收费行为，不得违规向服务对象收取不合理费用。商业银行应当向社会公开开设企业账户的服务标准、资费标准和办理时限。

第二十七条 国家促进多层次资本市场规范健康发展，拓宽市场主体融资渠道，支持符合条件的民营企业、中小企业依法发行股票、债券以及其他融资工具，扩大直接融资规模。

第二十八条 供水、供电、供气、供热等公用企事业单位应当向社会公开服务标准、资费标准等信息，为市场主体提供安全、便捷、稳定和价格合理的服务，不得强迫市场主体接受不合理的服务条件，不得以任何名义收取不合理费用。各地区应当优化报装流程，在国家规定的报装办理时限内确定并公开具体办理时间。

政府有关部门应当加强对公用企事业单位运营的监督管理。

第二十九条 行业协会商会应当依照法律、法规和章程，加强行业自律，及时反映行业诉求，为市场主体提供信息咨询、宣传培训、市场拓展、权益保护、纠纷处理等方面的服务。

国家依法严格规范行业协会商会的收费、评比、认证等行为。

第三十条 国家加强社会信用体系建设，持续推进政务诚信、商务诚信、社会诚信和司法公信建设，提高全社会诚信意识和信用水平，维护信用信息安全，严格保护商业秘密和个人隐私。

第三十一条 地方各级人民政府及其有关部门应当履行向市场主体依法作出的政策承诺以及依法订立的各类合同，不得以行政区划调整、政府换届、机构或者职能调整以及相关责任人更替等为由违约毁约。因国家利益、社会公共利益需要改变政策承诺、合同约定的，应当依照法定权限和程序进行，并依法对市场主体因此受到的损失予以补偿。

第三十二条 国家机关、事业单位不得违约拖欠市场主体的货物、工程、服务等账款，大型企业不得利用优势地位拖欠中小企业账款。

县级以上人民政府及其有关部门应当加大对国家机关、事业单位拖欠市场主体账款的清理力度，并通过加强预算管理、严格责任追究等措施，建立防范和治理国家机关、事业单位拖欠市场主体账款的长效机制。

第三十三条 政府有关部门应当优化市场主体注销办理流程，精简申请材料、压缩办理时间、降低注销成本。对设立后未开展生产经营活动或者无债权债务的市场主体，可以按照简易程序办理注销。对有债权债务的市场主体，在债权债务依法解决后及时办理注销。

县级以上地方人民政府应当根据需要建立企业破产工作协调机制，协调解决企业破产过程中涉及的有关问题。

第四章　政务服务

第三十四条 政府及其有关部门应当进一步增强服务意识，切实转变工作作风，为市场主体提供规范、便利、高效的政务服务。

第三十五条 政府及其有关部门应当推进政务服务标准化，按照减环节、减材料、减时限的要求，编制并向社会公开政务服务事项（包括行政权力事项和公共服务事项，下同）标准化工作流程和办事指南，细化量化政务服务标准，压缩自由裁量权，推进同一事项实行无差别受理、同标准办理。没有法律、法规、规章依据，不得增设政务服务事项的办理条件和环节。

第三十六条 政府及其有关部门办理政务服务事项，应当根据实际情况，推行当场办结、一次办结、限时办结等制度，实现集中办理、就近办理、网上办理、异地可办。需要市场主体补正有关材料、手续的，应当一次性告知需要补正的内容；需要进行现场踏勘、现场核查、技术审查、听证论证的，应当及时安排、限时办结。

法律、法规、规章以及国家有关规定对政务服务事项办理时限有规定的，应当在规定的时限内尽快办结；没有规定的，应当按照合理、高效的原则确定办理时限并按时办结。各地区可以在国家规定的政务服务事项办理时限内进一步压减时间，并应当向社会公开；超过办理时间的，办理单位应当公开说明理由。

地方各级人民政府已设立政务服务大厅的，本行政区域内各类政务服务事项一般应当进驻政务服务大厅统一办理。对政务服务大厅中部门分设的服务窗口，应当创造条件整合为综合窗口，提供一站式服务。

第三十七条 国家加快建设全国一体化在线政务服务平台（以下称一体化在线平台），推动政务服务事项在全国范围内实现“一网通办”。除法律、法规另有规定或者涉及国家秘密等情形外，政务服务事项应当按照国务院确定的步骤，纳入一体化在线平台办理。

国家依托一体化在线平台，推动政务信息系统整合，优化政务流程，促进政务服务跨地区、跨部门、跨层级数据共享和业务协同。政府及其有关部门应当按照国家有关规定，提供数据共享服务，及时将有关政务服务数据上传至一体化在线平台，加强共享数据使用全过程管理，确保共享数据安全。

国家建立电子证照共享服务系统，实现电子证照跨地区、跨部门共享和全国范围内互信互认。各地区、各部门应当加强电子证照的推广应用。

各地区、各部门应当推动政务服务大厅与政务服务平台全面对接融合。市场主体有权自主选择政务服务办理渠道，行政机关不得限定办理渠道。

第三十八条 政府及其有关部门应当通过政府网站、一体化在线平台，集中公布涉及市场主体的法律、法规、规章、行政规范性文件和各类政策措施，并通过多种途径和方式加强宣传解读。

第三十九条 国家严格控制新设行政许可。新设行政许可应当按照行政许可法和国务院的规定严格设定标准，并进行合法性、必要性和合理性审查论证。对通过事中事后监管或者市场机制能够解决以及行政许可法和国务院规定不得设立行政许可的事项，一律不得设立行政许可，严禁以备案、登记、注册、目录、规划、年检、年报、监制、认定、认证、审定以及其他任何形式变相设定或者实施行政许可。

法律、行政法规和国务院决定对相关管理事项已作出规定，但未采取行政许可管理方式的，地方不得就该事项设定行政许可。对相关管理事项尚未制定法律、行政法规的，地方可以依法就该事项设定行政许可。

第四十条 国家实行行政许可清单管理制度，适时调整行政许可清单并向社会公布，清单之外不得违法实施行政许可。

国家大力精简已有行政许可。对已取消的行政许可，行政机关不得继续实施或者变相实施，不得转由行业协会商会或者其他组织实施。

对实行行政许可管理的事项，行政机关应当通过整合实施、下放审批层级等多种方式，优化审批服务，提高审批效率，减轻市场主体负担。符合相关条件和要求的，可以按照有关规定采取告知承诺的方式办理。

第四十一条 县级以上地方人民政府应当深化投资审批制度改革，根据项目性质、投资规模等分类规范投资审批程序，精简审批要件，简化技术审查事项，强化项目决策与用地、规划等建设条件落实的协同，实行与相关审批在线并联办理。

第四十二条 设区的市级以上地方人民政府应当按照国家有关规定，优化工程建设项目（不包括特殊工程和交通、水利、能源等领域的重大工程）审批流程，推行并联审批、多图联审、联合竣工验收等方式，简化审批手续，提高审批效能。

在依法设立的开发区、新区和其他有条件的区域，按照国家有关规定推行区域评估，由设区的市级以上地方人民政府组织对一定区域内压覆重要矿产资源、地质灾害危险性等事项进行统一评估，不再对区域内的市场主体单独提出评估要求。区域评估的费用不得由市场主体承担。

第四十三条 作为办理行政审批条件的中介服务事项（以下称法定行政审批中介服务）应当有法律、法规或者国务院决定依据；没有依据的，不得作为办理行政审批的条件。中介服务机构应当明确办理法定行政审批中介服务的条件、流程、时限、收费标准，并向社会公开。

国家加快推进中介服务机构与行政机关脱钩。行政机关不得为市场主体指定或者变相指定中介服务机构；除法定行政审批中介服务外，不得强制或者变相强制市场主体接受中介服务。行政机关所属事业单位、主管的社会组织及其举办的企业不得开展与本机关所负责行政审批相关的中介服务，法律、行政法规另有规定的除外。

行政机关在行政审批过程中需要委托中介服务机构开展技术性服务的，应当通过竞争性方式选择中介服务机构，并自行承担服务费用，不得转嫁给市场主体承担。

第四十四条 证明事项应当有法律、法规或者国务院决定依据。

设定证明事项，应当坚持确有必要、从严控制的原则。对通过法定证照、法定文书、书面告知承诺、政府部门内部核查和部门间核查、网络核验、合同凭证等能够办理，能够被其他材料涵盖或者替代，以及开具单位无法调查核实的，不得设定证明事项。

（七）不履行向市场主体依法作出的政策承诺以及依法订立的各类合同，或者违约拖欠市场主体的货物、工程、服务等账款；

（八）变相设定或者实施行政许可，继续实施或者变相实施已取消的行政许可，或者转由行业协会商会或者其他组织实施已取消的行政许可；

（九）为市场主体指定或者变相指定中介服务机构，或者违法强制市场主体接受中介服务；

（十）制定与市场主体生产经营活动密切相关的行政法规、规章、行政规范性文件时，不按照规定听取市场主体、行业协会商会的意见；

（十一）其他不履行优化营商环境职责或者损害营商环境的情形。

第七十条 公用企事业单位有下列情形之一的，由有关部门责令改正，依法追究法律责任：

（一）不向社会公开服务标准、资费标准、办理时限等信息；

（二）强迫市场主体接受不合理的服务条件；

（三）向市场主体收取不合理费用。

第七十一条 行业协会商会、中介服务机构有下列情形之一的，由有关部门责令改正，依法追究法律责任：

（一）违法开展收费、评比、认证等行为；

（二）违法干预市场主体加入或者退出行业协会商会等社会组织；

（三）没有法律、法规依据，强制或者变相强制市场主体参加评比、达标、表彰、培训、考核、考试以及类似活动，或者借前述活动向市场主体收费或者变相收费；

（四）不向社会公开办理法定行政审批中介服务的条件、流程、时限、收费标准；

（五）违法强制或者变相强制市场主体接受中介服务。

第七章 附 则

第七十二条 本条例自2020年1月1日起施行。

司法部、发展改革委相关负责人就《优化营商环境条例》有关问题答记者问

2019年10月22日，国务院总理李克强签署国务院令公布《优化营商环境条例》（以下简称《条例》），自2020年1月1日起施行。司法部、发展改革委相关负责人就《条例》的有关问题回答了记者的提问。

问：近年来，党中央、国务院围绕优化营商环境，制定出台了一系列政策文件，为什么还要制定这个《条例》？

答：营商环境是企业等市场主体在市场经济活动中所涉及的体制机制性因素和条件，其优劣直接影响市场主体的兴衰、生产要素的聚散、发展动力的强弱。经济社会发展的动力，源于市场主体的活力和社会创造力，很大程度上取决于营商环境。党中央、国务院高度重视优化营商环境工作。近年来，各地区、各部门按照党中央、国务院部署，顺应社会期盼，持续推进“放管服”等改革，我国营商环境明显改善，在世界银行等国际组织发布的营商环境报告中排名大幅提升。与此同时，我国营商环境还存在不少突出问题和短板，与国际先进水平相比仍有较大差距，必须在深化“放管服”改革上有更大突破、在优化营商环境上有更大进展，使市场主体活力和社会创造力持续迸发，为经济社会发展提供强劲动力。在总结实践经验的基础上制定专门行政法规，从制度层面提供更为有力的保障和支撑，是进一步优化营商环境的重要举措。为了持续优化营商环境，不断解放和发展社会生产力，加快建设现代化经济体系，推动高质量发展，国务院制定了《条例》。

问：《条例》出台对优化营商环境有何重大意义？

答：据了解，目前其他国家没有制定专门的优化营商环境立法，有的国家制定了一些有关优化营商环境的规划安排、实施计划等文件。因此，制定

《条例》是我国的一项创举，是一项开创性工作。出台《条例》最重要最核心的意义，就是把近年来各地区、各部门在优化营商环境方面大量行之有效的政策、经验、做法上升到法规制度，使其进一步系统化、规范化，增强权威性、时效性和法律约束力，从制度层面为优化营商环境提供更加有力的保障和支撑。《条例》对优化营商环境的作用，不仅仅体现在条文本身，还在于《条例》必将进一步增强各级政府以及社会各方面对优化营商环境的意识，在全社会营造优化营商环境的浓厚氛围，稳定预期、提振信心，这种作用更具有基础性和持久性。

问：优化营商环境涉及面很广、因素非常多，《条例》制定的总体思路是什么？

答：《条例》制定坚持以习近平新时代中国特色社会主义思想为指导，深入贯彻落实党中央、国务院关于优化营商环境的决策部署，在总体思路上主要把握了以下四个方面：一是认真总结近年来我国优化营商环境的经验和做法，将其中实践证明行之有效、人民群众满意、市场主体支持的改革举措用法规制度固化下来。二是找准立法切入点，重点针对我国营商环境的突出短板和市场主体反映强烈的痛点难点堵点问题，从完善体制机制的层面作出相应规定，避免面面俱到。三是对标国际先进水平，对世界银行营商环境评价的主要指标都力求有所回应，为相关领域优化营商环境提供目标指引。四是把握好《条例》作为优化营商环境基础性行政法规的定位，重在确立优化营商环境的基本制度规范，明确方向性要求，以概括性、统领性规定为主，不规定流程性内容，不创设具体行业、领域的管理制度。同时，优化营商环境是持续深入的过程，需要不断改革创新，《条例》为各地区、各部门探索创新优化营商环境的具体措施留出了充分空间。

问：《条例》对加强市场主体平等保护、营造良好市场环境作了哪些规定？

答：加强市场主体平等保护，是社会高度关注的问题之一。《条例》明确，国家坚持权利平等、机会平等、规则平等，保障各种所有制经济平等受到法律保护，着力加强对各类市场主体的平等保护，落实市场主体公平待遇。一是强调平等对待各类市场主体。明确国家依法保护各类市场主体在使用要素、享受支持政策、参与招标投标和政府采购等方面的平等待遇，为各类市场主体平等参与市场竞争强化法律支撑。二是强调为市场主体提供全方位的保护。依法保护市场主体经营自主权、财产权和其他合法权益，保护企业经营者人身和财产安全。加大对市场主体知识产权的保护力度，建立知识产权侵权惩罚性赔偿制度。三是强调为市场主体维权提供保障。推动建立全国统一的市场主体维权服务平台，为市场主体提供高效、便捷的维权服务。

在营造良好市场环境方面，《条例》围绕破解市场主体生产经营活动中的痛点难点堵点问题，着力净化市场环境，更好地激发市场主体更多活力、提高竞争力。一是聚焦破除市场准入和市场退出障碍。明确了通过深化商事制度改革、推进证照分离改革、压缩企业开办时间、持续放宽市场准入等措施，为市场主体进入市场和开展经营活动破除障碍。要求进一步优化市场主体注销办理流程，精简申请材料、压缩办理时间、降低注销成本，推动解决市场主体"退出难"问题。二是聚焦落实减税降费政策。明确各地区、各部门应当严格落实国家各项减税降费政策，保障减税降费政策全面、及时惠及市场主体，并对设立涉企收费作出严格限制，切实降低市场主体经营成本。三是聚焦解决"融资难、融资贵"问题。明确鼓励和支持金融机构加大对民营企业和中小企业的支持力度、降低民营企业和中小企业综合融资成本，不得对民营企业和中小企业设置歧视性要求。

这些制度设计，再一次向全社会发出一个清晰的信号，国家对于全面有效保护市场主体合法权利、营造良好市场环境的决心是坚定不移的，有助于进一步稳定市场主体预期，提振市场主体信心，让企业家安心经营、放心投资、专心创业。

问：目前，市场主体反映政务服务整体效能不够强，办事难、办事慢、办事繁的问题还不同程度存在。《条例》对提升政务服务水平提出了哪些明确要求？

答：近年来，随着"放管服"改革持续深化，政务服务水平明显提升。为进一步巩固和深化改革成果，《条例》围绕打造公平、公开、透明、高效的政府运行体系，着力提升政务服务能力和水平，提供惠企便民的高效服务。一是推进政务服务标准化。明确政府及其有关部门应当落实减环节、减材料、减时限要求，编制并向社会公开政务服务事项标准化工作流程和办事指南，推动同一事项无差别受理、同标准办理。二是推进马上办、网上办、就近办、一次办。明确政府及其有关部门应当推行当场办结、一次办结、限时办结的服务模式，实现集中办理、就近办理、网上办理、异地可办，并对全国一体化在线政务服务平台建设、政务信息整合共享、电子证照推广应用作了具体规定，使“一网、一门、一次”改革要求成为有法律约束力的制度规则。三是推进行政审批制度改革。明确国家严格控制新设行政许可并大力精简已有行政许可，通过整合实施、下放审批层级等多种方式，优化审批服务，提高审批效率。四是推进重点领域服务便利化。对标国际一流标准，推广国内最佳实践，对提升办理建筑许可、跨境贸易、纳税、不动产登记等与市场主体生产经营活动密切相关的重点领域政务服务便利化程度提出具体要求，为相关领域深化改革提供了目标指引。

这些制度设计，坚持以人民为中心谋划改革，推动创新服务方式、提高服务效能，提供公平可及、优质高效的政务服务，切实为企业发展和群众办事增便利。

问：公平公正的监管执法对优化营商环境至关重要，《条例》对规范和创新监管执法作了哪些规定？

答：良好的营商环境应当保障公平竞争，加强市场监管，维护市场秩序。《条例》明确规范和创新监管执法，为促进公平公正监管、更好实现公平竞争提供基本遵循。一是推动健全执法机制。建立健全跨部门跨区域行政执法联动和响应机制，在相关领域推行综合行政执法，减少执法主体和执法层级，推动解决困扰市场主体的行政执法检查过多过频问题，实现从监管部门“单打独斗”转变为综合监管，做到“一次检查、全面体检”。二是推动创新监管方式。明确除直接涉及公共安全和群众生命健康等特殊行业、重点领域外，都要实行“双随机、一公开”监管，推行“互联网＋监管”，对新兴产业实行包容审慎监管。三是推动规范执法行为。明确行政执法应当依法慎重实施行政强制，减少对市场主体正常生产经营活动的影响，不得随意采取要求市场主体普遍停产、停业的措施，避免执法“一刀切”。要求行政执法应当规范行使自由裁量权，合理确定裁量范围、种类和幅度。

这些制度设计，要求政府积极主动作为，维护公平竞争市场秩序，鼓励和支持创新，成为市场公平竞争的维护者和市场主体合法权益的保障者。

问：法治是最好的营商环境，《条例》对加强营商环境建设的法治保障作了哪些规定？

答：法治在优化营商环境方面具有固根本、稳预期、利长远的作用。《条例》围绕推进法治政府建设，重点针对法规政策制定透明度不足，新出台法规政策缺少缓冲期，企业对政策环境缺乏稳定预期等突出问题作了明确规定，着力提高政策透明度和稳定性，强化营商环境的法治保障。一是增强法规政策制定的透明度。明确制定与市场主体生产经营活动密切相关的法规政策，应当充分听取市场主体、行业协会商会的意见；除依法需要保密外，应当向社会公开征求意见并反馈意见采纳情况。二是增强法规政策实施的科学性。明确新出台法规政策应当结合实际为市场主体留出必要的适应调整期，并加强统筹协调、合理把握出台节奏、全面评估政策效果，避免因政策叠加或相互不协调对市场主体正常生产经营活动造成不利影响。三是加大涉企法规政策的宣传解读力度。明确政府及其有关部门应当集中公布涉及市场主体的各类法规政策，并通过多种途径和方式加强宣传解读。

这些制度设计，将有力提升法规政策制定的公开透明度和科学性、民主性，增强市场主体对法规政策变化的反应和调整能力。

问：对《条例》的贯彻实施工作有哪些考虑？

答：制度的生命力在于执行。发展改革委将会同各地区、各有关部门认真落实党中央、国务院决策部署，加强协调配合，切实抓好《条例》的贯彻执行。一是做好学习宣传和普法工作。加强宣传解读，指导各级政府部门加强《条例》的学习，全面掌握法规要求，不断提高依法履职能力。广泛开展普法宣传，引导市场主体和社会公众知法用法，营造人人参与营商环境建设的良好氛围。二是加快配套制度的“立改废释”。根据《条例》的规定及时制定相关配套法规文件，对现行法规文件进行必要修改完善，确保相关法规文件与《条例》保持一致。对《条例》中提出的改革要求和任务，抓紧制定具体细化落实方案，切实推动《条例》各项规定落地见效。三是持续优化营商环境。以《条例》出台为新的起点，坚持市场化、法治化、国际化原则，深化“放管服”改革，进一步放宽市场准入，加强公正监管，优化政务服务，创新体制机制、强化协同联动、完善法治保障，对标国际先进水平，为各类市场主体投资兴业营造稳定、公平、透明、可预期的良好环境。

中共中央　国务院

关于促进中医药传承创新发展的意见

（2019 年 10 月 20 日）

中医药学是中华民族的伟大创造，是中国古代科学的瑰宝，也是打开中华文明宝库的钥匙，为中华民族繁衍生息作出了巨大贡献，对世界文明进步产生了积极影响。党和政府高度重视中医药工作，特别是党的十八大以来，以习近平同志为核心的党中央把中医药工作摆在更加突出的位置，中医药改革发展取得显著成绩。同时也要看到，中西医并重方针仍需全面落实，遵循中医药规律的治理体系亟待健全，中医药发展基础和人才建设还比较薄弱，中药材质量良莠不齐，中医药传承不足、创新不够、作用发挥不充分，迫切需要深入实施中医药法，采取有效措施解决以上问题，切实把中医药这一祖先留给我们的宝贵财富继承好、发展好、利用好。

传承创新发展中医药是新时代中国特色社会主义事业的重要内容，是中华民族伟大复兴的大事，对于坚持中西医并重、打造中医药和西医药相互补充协调发展的中国特色卫生健康发展模式，发挥中医药原创优势、推动我国生命科学实现创新突破，弘扬中华优秀传统文化、增强民族自信和文化自信，促进文明互鉴和民心相通、推动构建人类命运共同体具有重要意义。为深入贯彻习近平新时代中国特色社会主义思想和党的十九大精神，认真落实习近平总书记关于中医药工作的重要论述，促进中医药传承创新发展，现提出如下意见。

一、健全中医药服务体系

（一）加强中医药服务机构建设。发挥中医药整体医学和健康医学优势，建成以国家中医医学中心、区域中医医疗中心为龙头，各级各类中医医疗机构和其他医疗机构中医科室为骨干，基层医疗卫生机构为基础，融预防保健、疾病治疗和康复于一体的中医药服务体系，提供覆盖全民和全生命周期的中医药服务。遵循中医药发展规律，规范中医医院科室设置，修订中医医院设置和建设标准，健全评价和绩效考核制度，强化以中医药服务为主的办院模式和服务功能，建立健全体现中医药特点的现代医院管理制度。大力发展中医诊所、门诊部和特色专科医院，鼓励连锁经营。提供中医养生保健服务的企业登记经营范围使用“中医养生保健服务（非医疗）”规范表述。到2022年，基本实现县办中医医疗机构全覆盖，力争实现全部社区卫生服务中心和乡镇卫生院设置中医馆、配备中医医师。

（二）筑牢基层中医药服务阵地。扩大农村订单定向免费培养中医专业医学生规模，在全科医生特设岗位计划中积极招收中医医师，鼓励实行中医药人员“县管乡用”，鼓励退休中医医师到基层提供服务，放宽长期服务基层的中医医师职称晋升条件。健全全科医生和乡村医生中医药知识与技能培训机制。支持中医医院牵头组建医疗联合体。各级中医医院要加强对基层中医药服务的指导。

（三）以信息化支撑服务体系建设。实施“互联网 + 中医药健康服务”行动，建立以中医电子病历、电子处方等为重点的基础数据库，鼓励依托医疗机构发展互联网中医医院，开发中医智能辅助诊疗系统，推动开展线上线下一体化服务和远程医疗服务。依托现有资源建设国家和省级中医药数据中心。加快建立国家中医药综合统计制度。健全中医药综合监管信息系统，综合运用抽查抽检、定点监测、违法失信惩戒等手段，实现精准高效监管。

二、发挥中医药在维护和促进人民健康中的独特作用

（四）彰显中医药在疾病治疗中的优势。加强中医优势专科建设，做优做强骨伤、肛肠、儿科、皮科、妇科、针灸、推拿以及心脑血管病、肾病、周围血管病等专科专病，及时总结形成诊疗方案，巩固扩大优势，带动特色发展。加快中医药循证医学中心建设，用3年左右时间，筛选50个中医治疗优势病种和100项适宜技术、100个疗效独特的中药品种，及时向社会发布。聚焦癌症、心脑血管病、糖尿病、感染性疾病、老年痴呆和抗生素耐药问题等，开展中西医协同攻关，到2022年形成并推广50个左右中西医结合诊疗方案。建立综合医院、专科医院中西医会诊制度，将中医纳入多学科会诊体系。建立有效

机制，更好发挥中医药在流感等新发突发传染病防治和公共卫生事件应急处置中的作用。

（五）强化中医药在疾病预防中的作用。结合实施健康中国行动，促进中医治未病健康工程升级。在国家基本公共卫生服务项目中丰富中医治未病内容，鼓励家庭医生提供中医治未病签约服务，到2022年在重点人群和慢性病患者中推广20个中医治未病干预方案。大力普及中医养生保健知识和太极拳、健身气功（如八段锦）等养生保健方法，推广体现中医治未病理念的健康工作和生活方式。

（六）提升中医药特色康复能力。促进中医药、中华传统体育与现代康复技术融合，发展中国特色康复医学。实施中医药康复服务能力提升工程。依托现有资源布局一批中医康复中心，加强中医医院康复科建设，在其他医院推广中医康复技术。针对心脑血管病、糖尿病等慢性病和伤残等，制定推广一批中医康复方案，推动研发一批中医康复器具。大力开展培训，推动中医康复技术进社区、进家庭、进机构。

三、大力推动中药质量提升和产业高质量发展

（七）加强中药材质量控制。强化中药材道地产区环境保护，修订中药材生产质量管理规范，推行中药材生态种植、野生抚育和仿生栽培。加强珍稀濒危野生药用动植物保护，支持珍稀濒危中药材替代品的研究和开发利用。严格农药、化肥、植物生长调节剂等使用管理，分区域、分品种完善中药材农药残留、重金属限量标准。制定中药材种子种苗管理办法。规划道地药材基地建设，引导资源要素向道地产区汇集，推进规模化、规范化种植。探索制定实施中药材生产质量管理规范的激励政策。倡导中医药企业自建或以订单形式联建稳定的中药材生产基地，评定一批国家、省级道地药材良种繁育和生态种植基地。健全中药材第三方质量检测体系。加强中药材交易市场监管。深入实施中药材产业扶贫行动。到2022年，基本建立道地药材生产技术标准体系、等级评价制度。

（八）促进中药饮片和中成药质量提升。加快修订《中华人民共和国药典》中药标准（一部），由国务院药品监督管理部门会同中医药主管部门组织专家承担有关工作，建立最严谨标准。健全中药饮片标准体系，制定实施全国中药饮片炮制规范。改善市场竞争环境，促进中药饮片优质优价。加强中成药

质量控制，促进现代信息技术在中药生产中的应用，提高智能制造水平。探索建立以临床价值为导向的评估路径，综合运用循证医学等方法，加大中成药上市后评价工作力度，建立与公立医院药品采购、基本药物遴选、医保目录调整等联动机制，促进产业升级和结构调整。

（九）改革完善中药注册管理。建立健全符合中医药特点的中药安全、疗效评价方法和技术标准。及时完善中药注册分类，制定中药审评审批管理规定，实施基于临床价值的优先审评审批制度。加快构建中医药理论、人用经验和临床试验相结合的中药注册审评证据体系，优化基于古代经典名方、名老中医方、医疗机构制剂等具有人用经验的中药新药审评技术要求，加快中药新药审批。鼓励运用新技术新工艺以及体现临床应用优势的新剂型改进已上市中药品种，优化已上市中药变更技术要求。优化和规范医疗机构中药制剂备案管理。国务院中医药主管部门、药品监督管理部门要牵头组织制定古代经典名方目录中收载方剂的关键信息考证意见。

（十）加强中药质量安全监管。以中药饮片监管为抓手，向上下游延伸，落实中药生产企业主体责任，建立多部门协同监管机制，探索建立中药材、中药饮片、中成药生产流通使用全过程追溯体系，用5年左右时间，逐步实现中药重点品种来源可查、去向可追、责任可究。强化中成药质量监管及合理使用，加强上市产品市场抽检，严厉打击中成药非法添加化学品违法行为。加强中药注射剂不良反应监测。推进中药企业诚信体系建设，将其纳入全国信用信息共享平台和国家企业信用信息公示系统，加大失信联合惩戒力度。完善中药质量安全监管法律制度，加大对制假制劣行为的责任追究力度。

四、加强中医药人才队伍建设

（十一）改革人才培养模式。强化中医思维培养，改革中医药院校教育，调整优化学科专业结构，强化中医药专业主体地位，提高中医类专业经典课程比重，开展中医药经典能力等级考试，建立早跟师、早临床学习制度。加大省部局共建中医药院校投入力度。将中医课程列入临床医学类专业必修课，提高临床类别医师中医药知识和技能水平。完善中医医师规范化培训模式。改革完善中西医结合教育，培养高层次中西医结合人才。鼓励西医学习中医，允许临床类别医师通过考核后提供中医服务，参加中西医结合职称评聘。允许中西医结合专业人员参加临床类别全科医生规范化培训。

（十二）优化人才成长途径。通过学科专科建设、重大科研平台建设和重大项目实施等，培养造就一批高水平中医临床人才和多学科交叉的中医药创新型领军人才，支持组建一批高层次创新团队。支持中医药院校与其他高等学校联合培养高层次复合型中医药人才。建立高年资中医医师带徒制度，与职称评审、评优评先等挂钩。制定中医师承教育管理办法。经国务院中医药主管部门认可的师承教育继承人，符合条件者可按同等学力申请中医专业学位。大力培养中药材种植、中药炮制、中医药健康服务等技术技能人才。完善确有专长人员考核办法，加大中医（专长）医师培训力度，支持中医医院设置中医（专长）医师岗位，促进民间特色技术疗法的传承发展。

（十三）健全人才评价激励机制。落实允许医疗卫生机构突破现行事业单位工资调控水平、允许医疗服务收入扣除成本并按规定提取各项基金后主要用于人员奖励的要求，完善公立中医医疗机构薪酬制度。改革完善中医药职称评聘制度，注重业务能力和工作实绩，克服唯学历、唯资历、唯论文等倾向。国家重大人才工程、院士评选等加大对中医药人才的支持力度，研究在中国工程院医药卫生学部单设中医药组。研究建立中医药人才表彰奖励制度，加强国家中医药传承创新表彰，建立中医药行业表彰长效机制，注重发现和推介中青年骨干人才和传承人。各种表彰奖励评选向基层一线和艰苦地区倾斜。

五、促进中医药传承与开放创新发展

（十四）挖掘和传承中医药宝库中的精华精髓。加强典籍研究利用，编撰中华医藏，制定中医药典籍、技术和方药名录，建立国家中医药古籍和传统知识数字图书馆，研究制定中医药传统知识保护条例。加快推进活态传承，完善学术传承制度，加强名老中医学术经验、老药工传统技艺传承，实现数字化、影像化记录。收集筛选民间中医药验方、秘方和技法，建立合作开发和利益分享机制。推进中医药博物馆事业发展，实施中医药文化传播行动，把中医药文化贯穿国民教育始终，中小学进一步丰富中医药文化教育，使中医药成为群众促进健康的文化自觉。

（十五）加快推进中医药科研和创新。围绕国家战略需求及中医药重大科学问题，建立多学科融合的科研平台。在中医药重点领域建设国家重点实验室，建立一批国家临床医学研究中心、国家工程研究中心和技术创新中心。在中央财政科技计划（专项、基金等）框架下，研究设立国家中医药科技研发专项、关键技术装备重大专项和国际大科学计划，深化基础理论、诊疗规律、作用机理研究和诠释，开展防治重大、难治、罕见疾病和新发突发传染病等临床研究，加快中药新药创制研究，研发一批先进的中医器械和中药制药设备。支持鼓励儿童用中成药创新研发。研究实施科技创新工程。支持企业、医疗机构、高等学校、科研机构等协同创新，以产业链、服务链布局创新链，完善中医药产学研一体化创新模式。加强中医药产业知识产权保护和运用。健全赋予中医药科研机构和人员更大自主权的管理制度，建立知识产权和科技成果转化权益保障机制。改革完善中医药科研组织、验收和评价体系，避免简单套用相关科研评价方法。突出中医药特点和发展需求，建立科技主管部门与中医药主管部门协同联动的中医药科研规划和管理机制。

（十六）推动中医药开放发展。将中医药纳入构建人类命运共同体和“一带一路”国际合作重要内容，实施中医药国际合作专项。推动中医中药国际标准制定，积极参与国际传统医学相关规则制定。推动中医药文化海外传播。大力发展中医药服务贸易。鼓励社会力量建设一批高质量中医药海外中心、国际合作基地和服务出口基地。研究推动现有中药交易平台稳步开展国际交易。打造粤港澳大湾区中医药高地。加强与台湾地区中医药交流合作，促进两岸中医药融合发展。

六、改革完善中医药管理体制机制

（十七）完善中医药价格和医保政策。以临床价值为导向，以中医优势服务、特色服务为重点，加大政策支持力度，完善医疗服务价格形成机制。医疗服务价格调整时重点考虑中医等体现医务人员技术劳务价值的医疗服务价格。健全符合中医药特点的医保支付方式。完善与国际疾病分类相衔接的中医病证分类等编码体系。分批遴选中医优势明显、治疗路径清晰、费用明确的病种实施按病种付费，合理确定付费标准。通过对部分慢性病病种等实行按人头付费、完善相关技术规范等方式，鼓励引导基层医疗卫生机构提供适宜的中医药服务。及时将符合条件的中医医疗机构纳入医保定点医疗机构。积极将适宜的中医医疗服务项目和中药按规定纳入医保范围。鼓励商业保险机构开发中医治未病等保险产品。研究取消中药饮片加成相关工作。

（十八）完善投入保障机制。建立持续稳定的中医药发展多元投入机制，在卫生健康投入中统筹安排中医药事业发展经费并加大支持力度。加大对中医药事业发展投资力度，改善中医医院办院条件，扩大优质服务供给。切实保障公立中医医院投入责任落实。鼓励地方设立政府引导、社会资本参与、市场化运作的中医药发展基金。引导商业保险机构投资中医药服务产业。

（十九）健全中医药管理体制。完善中医药工作跨部门协调机制，强化国务院中医药工作部际联席会议办公室统筹职能，协调做好中药发展规划、标准制定、质量管理等工作，促进中医中药协调发展。各级卫生健康、药品监督管理等各相关部门要坚持中西医并重，制定实施中医药相关政策措施要充分听取并吸纳中医药主管部门意见。完善中医药服务监管机制。依据中医药法有关规定建立健全中医药管理体系，省市县都要明确承担中医药管理职能的机构，合理配置人员力量。

（二十）加强组织实施。地方各级党委和政府要结合实际制定落实举措，将本意见实施情况纳入党委和政府绩效考核。围绕以较低费用取得较大健康收益目标，规划建设一批国家中医药综合改革示范区，鼓励在服务模式、产业发展、质量监管等方面先行先试。推动中央主要新闻单位、重点新闻网站等各类媒体加大对中医药文化宣传力度，加强和规范中医药防病治病知识传播普及，营造珍视、热爱、发展中医药的社会氛围。

进一步加强军队中医药工作，大力开展新时代军事卫勤新型中医诊疗装备研发和新药物、新疗法挖掘创新工作，持续深化基层部队中医药服务能力提升工程，提高军队中医药整体保障水平。

少数民族医药是中医药的重要组成部分，有关地方可根据本意见，制定和完善促进本地区少数民族医药发展的相关政策举措。

[司法解释、司法指导性文件与解读]

最高人民法院

关于为河北雄安新区规划建设提供司法服务和保障的意见

2019 年 9 月 26 日　　法发〔2019〕22 号

为深入贯彻习近平新时代中国特色社会主义思想和党的十九大精神，认真落实以习近平同志为核心的党中央关于设立河北雄安新区、深入推进京津冀协同发展的重大决策部署，充分发挥人民法院职能作用，服务和保障河北雄安新区全面深化改革和扩大开放，制定如下意见。

一、切实提高政治站位，增强为雄安新区规划建设提供司法服务和保障的责任感、使命感

1. 深刻认识雄安新区规划建设的重大意义，明确服务和保障雄安新区规划建设是新时代人民法院的光荣使命和神圣职责。设立雄安新区是以习近平同志为核心的党中央作出的一项重大历史性战略选择，是千年大计、国家大事，对推进京津冀协同发展、建设以首都为核心的世界级城市群具有重大而深远的意义。各级人民法院要深入学习贯彻习近平新时代中国特色社会主义思想，增强“四个意识”、坚定“四个自信”、做到“两个维护”，认真贯彻落实新发展理念，切实增强工作的自觉性和主动性，依法公正高效审理相关案件，深入推进司法体制改革，全面深化智慧法院建设，为把雄安新区建设成为高水平的社会主义现代化城市和新时代高质量发展的全国样板提供有力司法服务和保障。

2. 准确把握雄安新区规划建设的发展目标，找准提供司法服务和保障的切入点、着力点。当前，雄安新区已从编制规划为主转向实质性建设阶段，各级人民法院要深入把握这一工作实际，为全面推进雄安新区规划建设提供更加科学精准有力的司法服务和保障。要牢牢把握积极稳妥有序疏解北京非首都功能的要求，加强与党政机关沟通协调，坚持法治思维，坚持问题导向，聚焦创新发展、城市建设、公共服务等重点领域和关键环节存在的司法问题，加强调查研究，制定司法政策，创新工作机制，充分满足雄安新区创新发展的司法需求，全方位提升司法服务和保障雄安新区规划建设的能力和水平。

二、充分发挥职能作用，为雄安新区规划建设提供有力司法服务和保障

3. 加强刑事审判，为雄安新区建设提供安全稳定的社会环境。依法严惩影响雄安新区规划建设的各类刑事犯罪，严惩干扰北京非首都功能疏解、重点工程项目建设等犯罪案件，积极服务雄安新区产业优化布局。依法严惩非法吸收公众存款、集资诈骗、金融诈骗等涉众型经济犯罪，维护市场秩序和社会秩序。加大对各类危害安全生产犯罪的惩治力度，推动安全生产责任制的落实，确保人民生命财产安全。加强对污染环境、盗伐林木、非法采矿等涉环境资源刑事案件的审判，强化环境资源司法保护。依法严惩征收拆迁、企业转制过程中侵吞、挪用、骗取国家或集体财产的犯罪。依法严惩黑恶势力犯罪，重点打击征地拆迁、工程建设等领域的涉黑涉恶犯罪，严惩相关职务犯罪，坚决打掉黑恶势力保护伞，切实维护雄安新区社会稳定和人民安宁。

4. 加强民商事审判，服务和保障经济高质量发展。妥善审理涉及非首都功能疏解的合同纠纷、物权纠纷、公司纠纷、担保纠纷、破产纠纷、劳动争议等案件，积极服务京津冀协同发展。加强产权司法保护，严格规范涉案财产处置，依法慎用强制措施，为营造产权有效激励、要素自由流动、竞争公平有序、企业优胜劣汰的发展环境提供有力司法服务和保障。依法妥善审理涉信贷、投资、招投标领域的隐性壁垒案件，平等保护民营企业合法权益，为雄安新区中小微企业发展营造良好法治环境。坚持围绕有效实现北京非首都功能疏解人口转移的目标，加强涉教育、医疗、文化、社会保障和就业创业等民生领域案件审理，积极服务保障和改善民生。加强房地产相关领域案件审判，服务构建新型住房供给体系，积极运用司法手段支持有关部门严控周边房价、防范

炒地炒房投机行为，为完善土地出让、租赁、租让结合、混合空间出让、作价出资入股等多元化土地利用和供应模式提供司法支持。

5. 加强行政审判，支持和监督行政机关依法行政。依法服务和保障雄安新区行政机关创新管理模式，深入推进“放管服”改革，支持雄安新区行政机关依法履职。加强土地开发利用、城市规划设计、基础设施建设、城市管理等领域行政案件审判，强化司法审判对规划利用国土空间资源的服务保障作用。妥善审理征迁安置相关行政案件，健全完善程序规范、补偿合理、保障多元的土地征收工作机制。对行政机关向雄安新区下放工程建设、市场准入、社会管理等方面的审批和行政许可事项引发的行政诉讼，加强审判监督指导，有效推动行政管理体制机制创新。建立行政非诉执行案件绿色通道，依法及时审查非诉执行申请，确保重大建设工程项目及时推进。

6. 加强知识产权审判，服务创新驱动发展。加强对雄安新区法院知识产权案件审判的指导，支持雄安新区构建公正高效的知识产权司法保护机制。指导推进知识产权民事、行政和刑事审判“三合一”工作深入开展，推动雄安新区知识产权审判体系实现专门化、现代化和科学化。支持雄安新区知识产权保护中心建设，扩大雄安新区在知识产权保护方面对周边地区的辐射带动作用，推动雄安新区知识产权司法保护水平不断提升。支持雄安新区知识产权审判人才培养，推动建立雄安新区与各地法院之间的人才委托培养和锻炼交流机制，着力培养一支顾全大局、精通法律、了解技术并具有国际视野的知识产权法官队伍，更好服务雄安新区创新驱动发展。

7. 加强金融审判，有效防范化解重大金融风险。依法妥善审理涉及雄安新区建设融资、地方政府债券发行、民间借贷等金融案件，妥善审理雄安新区企业发行上市、并购重组、股权转让、债券发行、资产证券化过程中产生的矛盾纠纷案件。加强对涉及金融资产交易平台、股权众筹融资等创新业务案件的司法研究。支持雄安新区管委会、仲裁机构、商事和行业调解组织创新发展，加强矛盾纠纷源头治理，完善诉调对接，注重从源头上防范和化解金融领域重大风险。加强金融审判专业化建设，建立专门的金融审判庭。

8. 加强涉农审判，推动乡村振兴战略在雄安新区实施。积极贯彻土地管理制度改革政策和新修改的土地管理法，推动雄安新区土地制度改革，增强土地管理灵活性，服务改革政策落实落地。依法妥善审理农村集体产权制度改革中涉及的农民转让土地承包权、宅基地资格权、以集体资产股权入股企业或经济组织纠纷案件。加大对损害农民合法利益违法犯罪案件惩治力度，维护被征地农民合法权益。发挥人民法庭在雄安新区社会治理中的作用，促进完善自治、法治、德治相结合的基层社会治理体系。

9. 加强环境资源审判，推动建设绿色发展城市典范。推动环境资源司法体制机制创新，建立雄安新区及周边区域、白洋淀流域环境资源案件集中管辖制度。依法妥善审理自然资源权属争议纠纷，为推动建立健全权责明确的自然资源资产产权体系、实施自然资源统一确权登记提供司法服务和保障。完善市场化生态环境司法保护机制，深入研究用能权、用水权、排污权、碳排放交易权的法律属性及交易规则，为构建市场导向的绿色技术创新体系，建立符合雄安新区功能定位和发展实际的资源环境价格机制、多样化生态补偿制度和淀区生态搬迁补偿机制提供司法支持。

10. 加强涉外商事审判，构筑开放发展新高地。完善涉外贸易司法规则，支持引入国际国内各类资本参与雄安新区建设，充分保护投资者合法权益。加强对发展贸易新业态新模式、开展服务贸易创新发展试点、设立跨境电商综合试验区相关案件的审判。完善涉互联网金融案件审理，服务建设面向全球的数字化贸易平台。加强涉外金融案件审理，支持在雄安新区设立外商独资或中外合资金融机构，建立与国际投资贸易通行规则相衔接的司法规则体系，构建公平竞争制度。支持在雄安新区设立国际性仲裁、认证、鉴定权威机构，探索建立商事纠纷多元解决机制。

11. 加强执行工作，推动构建执行协作联动机制。推动建立党委领导、政法委协调、人大监督、政府支持、法院主办、部门联动、社会参与的综合治理执行难工作大格局，构建雄安新区执行工作部门协作联动机制。加大对涉重点工程、重点项目案件的执行力度，优先立案、优先执行，保障胜诉当事人及时实现权益。支持完善雄安新区社会信用体系和商务诚信体系，探索建立覆盖所有机构和个人的诚信账户，实行信用风险分类监管，建立完善覆盖范围广泛的守信联合激励和失信联合惩戒机制，实现对被执行人名单信息的自动对比、自动监督、自动惩戒，推动完善一处失信、处处受限的信用监督、警示和惩戒体系。

三、坚持改革创新，建立健全与京津冀协同发展相适应的司法工作体制机制

12. 深化司法体制综合配套改革，加强雄安法院建设。最高人民法院加强

对雄安新区法院司法体制改革的指导，坚持顶层设计与地方探索相结合原则，积极探索推动司法领域新机制新措施和具有前瞻性的司法创新试点示范项目在雄安新区先行先试。支持新区法院结合雄安新区规划建设需求，积极探索与行政体制改革相适应的司法体制改革。支持新区法院按照优化协同高效原则，统筹推进内设机构改革和审判执行组织建设，调整优化新区法院政法专项编制布局结构，建立常态化和机动性相结合的法官遴选机制。探索适合雄安新区两级法院发展需求的择优招录制度，对新区法院的法官遴选和法官等级确认、晋升给予适当的政策倾斜。支持雄安新区法院全面建设一站式多元解纷机制、一站式诉讼服务中心，构建集约高效、多元解纷、便民利民、智慧精准、开放互动、交融共享的现代化诉讼服务体系，推动纠纷解决和诉讼服务理念革新、机制变革，切实提高人民法院化解矛盾纠纷和服务人民群众的能力水平。

13. 全面深化智慧法院建设，提升司法服务保障的信息化水平。支持雄安新区法院积极适应雄安新区规划建设和人民群众司法需求，在全面深化智慧法院建设上主动作为、先行一步，适度超前布局智能基础设施，加快提升信息基础设施配置水平、法院专网性能和网络安全防御能力，推动大数据、人工智能、5G 等科技创新成果同司法工作深度融合，促进审判体系和审判能力现代化，使司法服务保障能力与雄安新区创建数字智能之城要求相匹配。支持雄安新区法院充分利用新区信息化应用的先发优势，提升电子诉讼的覆盖范围、适用比例和应用水平，加强执行信息化建设和应用。建立健全电子卷宗随案同步生成和深度应用机制，全面推进审判智能化应用。提高诉讼服务信息查询、信访接待处置、立案快速处理、在线调解等工作的信息化应用水平，促进增强人民群众的获得感。

14. 推进法律统一适用机制建设，建立完善案件裁判标准统一机制。完善案件沟通机制，加强京津冀区域内共性、前沿性法律问题和类型化案件裁判规则的研究总结提炼，对具有普适性、已达成共识的问题，及时通报区域内各级法院。探索建立覆盖刑事、民事等各业务领域的类型化案件审判指引，建立业务研讨交流长效机制，积极开展专题业务研讨和课题调研，促进法律适用的统一。

15. 深化区域司法交流合作，强化京津冀法院全方位协调配合。健全京津冀法院联席会议机制，加强统筹协调和督促检查，强化对新区发展重大司法事项、司法需求、司法政策和重大疑难法律适用问题的研判和支持，推动立审执各环节平台共建、信息互通、资源共享、业务协同，实现诉讼事项跨区域远程办理、跨层级联动办理，切实解决好异地诉讼难等问题。京津冀法院要按照职责分工，形成工作合力，推出与雄安新区发展相配套相适应的司法政策措施，更好发挥人民法院职能作用，服务和保障雄安新区规划建设。

16. 加强对雄安新区法院建设和发展的支持。加强对雄安新区法院审判业务指导和物质保障，建立健全新区法院与京津冀、长三角、珠三角等地法院在人才培养、智力支持和信息化建设等方面的合作机制。鼓励京津冀法院选派相关领域的业务专家到雄安新区法院挂职锻炼，实现人员资源互通互融，为新区法院更好履职提供保障。支持雄安新区法院构建更加开放的人才培养、引进和交流机制，积极探索改革人才培养和储备机制，着力培育具备国际视野、通晓国际规则、精通外语的高层次审判人才。支持雄安新区法院加强国际司法交流与合作，将雄安新区法院建设成为与雄安新区国际化定位相适应、具有国际影响力的一流法院。

各级人民法院要切实把思想和行动统一到党中央关于设立雄安新区、深入推进京津冀协同发展的重大决策部署上来，认真落实本意见要求，明确目标任务，狠抓工作落实，紧紧围绕“努力让人民群众在每一个司法案件中感受到公平正义”工作目标，坚持服务大局、司法为民、公正司法，忠实履行宪法和法律赋予的职责，努力营造稳定公平透明、可预期的法治化营商环境，为雄安新区规划建设提供更加有力的司法服务和保障。

最高人民法院研究室相关负责人就《最高人民法院为河北雄安新区规划建设提供司法服务和保障的意见》答记者问

为深入推进京津冀协同发展和雄安新区规划建设，2019年9月26日，最高人民法院发布了《最高人民法院为河北雄安新区规划建设提供司法服务和保障的意见》（以下简称《意见》）。最高人民法院研究室有关负责人就《意见》的起草及有关问题作简介并答记者问。

问：请介绍一下《意见》起草的背景和意义。

答：2017年4月1日，中共中央、国务院印发通知，决定设立河北雄安新区。通知要求各地区各部门要认真落实习近平总书记重要指示，按照党中央、国务院决策部署，统一思想、提高认识，切实增强“四个意识”，共同推进河北雄安新区规划建设发展各项工作，用最先进的理念和国际一流的水准进行城市设计，建设标杆工程，打造城市建设的典范。设立雄安新区是以习近平同志为核心的党中央作出的一项重大历史性战略选择，是千年大计、国家大事，对推进京津冀协同发展、建设以首都为核心的世界级城市群具有重大而深远的意义。2019年8月26日，习近平总书记主持召开中央财经委员会第五次会议，对推动形成优势互补高质量发展的区域经济布局等发表重要讲话，为人民法院服务保障区域协调发展、推动高质量发展指明了方向，提供了根本遵循。

近年来，最高人民法院党组深入学习贯彻习近平总书记关于京津冀协同发展和雄安新区规划建设的一系列重要讲话精神，提高政治站位，强化责任担当，积极谋划推进。最高人民法院发布一批司法政策性文件和司法解释，建立京津冀法院联席会议制度，组织召开三届届京津冀司法论坛和一届京津冀法院联席会议，组织京津冀法院开展理论研究，评选服务保障京津冀协同发展典型案例，最高人民法院各部办对口加强工作指导，全力支持雄安新区法院建设。

京津冀各级法院紧紧围绕《京津冀协同发展规划纲要》等文件和最高人民法院关于为京津冀协同发展提供司法服务和保障的意见，立足审判职能，深入调查研究，在联席会议机制统筹协调下，积极推进司法协同发展，有效服务和保障京津冀协同发展和雄安新区规划建设。

为深入推进雄安新区规划建设，切实增强人民法院服务保障京津冀协同发展、长江经济带发展、粤港澳大湾区建设、长三角区域一体化建设等国家重大发展战略的能力和水平，根据最高人民法院院党组部署和周强院长指示，研究室在深入调研并广泛征求意见的基础上，起草了《最高人民法院为河北雄安新区规划建设提供司法服务和保障的意见》。

问：《意见》的起草过程、指导思想和基本原则是什么？

答：经过深入调研，2019 年上半年研究室起草了《意见》初稿，向最高人民法院各单位及京津冀三地高院征求意见，6 月 5 日又在第三届京津冀司法论坛上印发与会者广泛征求意见，根据各方反馈意见对意见稿进行了修改完善。8 月 16 日，周强院长主持召开最高人民法院党组会议讨论并原则通过《意见》稿，会后研究室根据党组会议讨论意见、相关业务庭室意见再次修改，经过院领导批准，现发布《意见》。

《意见》贯彻和体现了《京津冀协同发展规划纲要》《河北雄安新区规划纲要》《中共中央国务院关于支持河北雄安新区全面深化改革和扩大开放的指导意见》等文件精神，要求全国法院要深入贯彻落实习近平新时代中国特色社会主义思想和党的十九大精神，深入贯彻习近平总书记关于雄安新区规划建设的重要论述和指示精神，切实提高政治站位，认真贯彻落实新发展理念，切实增强工作的自觉性和主动性，充分发挥司法职能，依法公正高效审理相关案件，深化司法体制改革，加强智慧法院建设，为把雄安新区建设成为高水平的社会主义现代化城市和新时代高质量发展的全国样板提供有力的司法服务和保障。

《意见》紧紧围绕雄安新区规划建设的发展目标，要求各级法院切实找准为雄安新区规划建设提供司法服务和保障的切入点、着力点。要牢牢把握积极稳妥有序疏解北京非首都功能的要求，坚持法治思维和问题导向，聚焦创新发展、城市建设、公共服务等重点领域和关键环节存在的司法问题，加强调查研究，制定司法政策、创新工作机制，充分满足雄安新区创新发展的司法需求，全方位提升司法服务和保障雄安新区规划建设的能力和水平。

问：能否介绍一下《意见》的主要内容？

答：一是强调要充分发挥司法职能，为雄安新区构建高质量高水平的社会主义现代化城市营造良好法治环境。如依法严厉打击影响雄安新区规划建设的各类刑事犯罪，为雄安新区建设提供稳定的社会环境。妥善审理涉及非首都功能疏解的征地拆迁、房屋征收、合同、劳动争议、企业破产等案件，服务雄安新区高质量发展。围绕雄安新区产业发展重点，加强知识产权司法保护，打造知识产权示范区，服务创新驱动发展。加强对涉及雄安新区建设融资、地方政府债券发行等金融案件审判，有效防范化解重大金融风险。根据雄安新区近期远期发展规划，统筹制定城乡融合发展司法保障机制和政策体系。实行最严格生态环境保护制度，推动雄安新区建设绿色发展城市典范。坚持全方位对外开放，加强涉外商事审判，构筑雄安新区开放发展新高地。构建雄安新区执行联动协作机制，确保重大建设工程及时顺利推进等。

二是要求创新司法体制机制，加快完善京津冀司法协同发展，服务和保障雄安新区规划建设。主要是依法推进司法体制综合配套改革，探索推动司法领域新机制新举措和具有前瞻性的司法创新试点示范项目在雄安新区先行先试。加强智慧法院建设，支持雄安新区法院适度超前布局职能基础设施，超前提升信息基础设施配置水平、法院专网性能和网络安全防御能力，推动现代科技与法院工作深度融合，使雄安新区法院的司法服务保障能力与雄安新区创建数字智能之城的要求相匹配。深化京津冀区域司法交流合作，加强京津冀法院联席会议的统筹协调和指导作用，推动京津冀法院立审执各环节平台共建、信息互通、资源共享、业务协同等。《意见》要求加强对雄安新区法院建设和发展的支持，加强对雄安新区法院审判业务指导和物质保障，建立健全雄安新区法院与京津冀、长三角、珠三角等地法院在人才培养、智力支持和信息化建设等方面的合作机制。支持雄安新区法院加强国际司法交流与合作，努力打造与雄安新区国际化定位相适应的新型法院等。

最高人民法院

关于立案是否要提供被告人身份证信息的答复

大树：

您好。您的来信收悉。

根据《最高人民法院关于适用〈中华人民共和国民事诉讼法〉的解释》第二百零九条规定，原告起诉时提供被告的姓名或者名称、住所等信息具体明确，足以使被告与他人相区别的，可以认定为有明确的被告。《最高人民法院关于人民法院登记立案若干问题的规定》第六条第三项也作出了与前述内容一致的规定。因此，只要原告提供具体明确的足以使被告或者被告人与他人相区别的姓名或者名称、住所等信息，即使没有自然人被告身份证号码，也应该依法登记立案。如原告提交的起诉状列写被告信息不足以认定明确的被告的，人民法院可以告知原告补正；原告补正后仍不能确定明确的被告的，人民法院裁定不予受理。

在实际中，能使被告区别于他人的信息很多，如姓名、性别、年龄、住址、社会关系、身份证号码、工作单位、其他户籍登记内容等等。信息越多，越利于确定具体的被告。当然，原告如果在起诉阶段能够提供被告的身份证号码，一方面有利于被告身份的识别，足以使该被告与他人相区别，另一方面有利于后续诉讼活动的顺利进行。

感谢您对人民法院工作的关心与支持。

最高人民法院行政诉讼法司法解释理解与适用

（第三十四条～第三十六条）

四、证　　据

证据制度是整个诉讼制度的核心。人民法院审理案件的过程就是适用证据的过程。而研究如何取得证据（由举证责任来解决），如何对证据进行审查认定（依据证据审查规则），又可以说是整个证据法制度的关键。本部分共有十四条规定，对行政诉讼证据的举证、质证和认定的规则作了规定。

（马永欣撰写）

第三十四条　根据行政诉讼法第三十六条第一款的规定，被告申请延期提供证据的，应当在收到起诉状副本之日起十五日内以书面方式向人民法院提出。人民法院准许延期提供的，被告应当在正当事由消除后十五日内提供证据。逾期提供的，视为被诉行政行为没有相应的证据。

【条文主旨】

本条是关于被告延期提供证据和逾期提供证据的法律后果的规定。

【起草背景】

行政诉讼法第六十七条规定，被告应当在收到起诉状副本之日起15日内向人民法院提交作出行政行为的证据和所依据的规范性文件，并提出答辩状。

但审判实践中碰到的问题总是千变万化。一方面，存在因不可抗力等客观条件所限，被告在行政程序中虽已收集但无法在15日内提交证据的情况，此类延期提交的证据如果一律不予采纳，对被告而言确实有失公允，也不利于对行政行为合法性的司法审查。另一方面，原告或第三人可能在诉讼中提出其在行政程序中由于客观原因或出于某种考虑并未提出的理由或证据，由于这些证据在行政程序中从未出现过，被告在举证时亦无法提供反驳的证据，故从诉讼权利对等的角度来看，应当给予被告补充证据的权利。

对于修改前的行政诉讼法是否规定了举证期限的认识是存在争议的。修改前的行政诉讼法第四十三条规定，被告应当在收到起诉状副本之日起10内向人民法院提交作出行政行为的有关材料，并提出答辩状。该条规定本没有规定在证据一章，而是作为审理程序的一部分予以规定的。并且，从表述上规定的是“提交作出行政行为的有关材料”，与第三十二条规定的“提供作出该行政行为的证据和所依据的规范性文件”的表述是不一样的，因此曾有观点认为第四十三条的规定不是对行政诉讼举证期限的规定。基于对这个问题存在着争议，也考虑到行政诉讼法刚刚实施，行政机关对当被告的成见尚未完全消除，《贯彻意见》第30条规定：“被告在第一审庭审结束前，不提供或者不能提供作出行政行为的主要证据和所依据的规范性文件的，人民法院可以依据行政诉讼法第三十二条和第五十四条第（二）项的规定，判决撤销被诉行政行为。”这一举证期限的规定对于承担举证责任的被告来说过于宽泛，因为行政机关在承担举证责任时，仅仅需要将行政程序卷宗提交给法院，并不需要重新收集证据。举证责任能否完成，取决于行政程序证据收集是否充分，并不在于诉讼中给予行政机关多少时间。在适用《贯彻意见》过程中，审判实践中反映出很多问题，如“第一审庭审结束前”实际上是一个很长的阶段，行政诉讼案件从立案到庭审辩论终结前，都是处于第一审庭审结束前的状态。这就意味着，在法庭辩论终结前的任何阶段、任何时间，都可能因被告提供证据而引起再次开庭质证、认证。在实践中，大量存在行政机关迟迟不提交证据材料，直到庭审结束时才提交，使原告措手不及的情况。另外，这个宽泛的时限制度也给行政机关违法补充证据提供了机会。可见，《贯彻意见》关于被告举证期限的规定对被告一方的感受考虑过多，不利于提高行政审判的效率，对原告也是不公正的。审判实践迫切需要将被告提交证据的时间恢复到行政诉讼法的规定上来。嗣后，最高人民法院根据审判实践，《若干解释》第二十六条规定：“被告应当在收到起诉状副本之日起10日内提交答辩状，并提供作出行政行为时的证据、依据；被告不提供或者无正当理由逾期提供的，应当认定该行政行为没有证据、依据。”该条将举证期限纳入证据规则，并明确了被告逾期举证的法律后果。2002 年出台的《行政诉讼证据规定》对举证责任尤其是举证期限在行政审判中的适用作了进一步规定。其中，《行政诉讼证据规定》第一条沿袭《若干解释》的规定，增加了对被告延期举证申请的要求以及相应的举证期限；第七条规定了原告及第三人的举证期限。《行政诉讼证据规定》的这些规定兼具原则性与操作性，在司法实践中取得了良好效果，解决了关于举证责任及举证期限的一些基本问题。

从审判实践中的运行情况来看，这一规定允许被告延期举证也有助于法院进一步查明案件事实，保证案件的公正审理。同时，对被告延期举证的条件作出了限定，避免浪费审判资源。因此，2014 年修正行政诉讼法吸纳了《行政诉讼证据规定》的这一规定的部分内容并加以完善。行政诉讼法第三十四条第二款规定，被告不提供或者无正当理由逾期提供证据，视为没有相应的证据。但是被诉行政行为涉及第三人合法权益，第三人提供证据的除外。但是该条对被告如何申请和申请的时限没有规定，因为立法者认为作为法律主要对重大制度作出原则规定，具体实施中如何操作可以通过司法解释等方式加以解决。本次制定司法解释的过程中，针对行政诉讼法第三十四条第二款规定作了细化的规定，明确被告申请延期提供证据的，应当在收到起诉状副本之日起 15 日内以书面方式向人民法院提出。人民法院准许延期提供的，被告应当在正当事由消除后 15 日内提供证据。逾期提供的，视为被诉行政行为没有相应的证据。这条规定基本上是沿袭了《行政诉讼证据规定》第一条第二款的规定，同时根据行政诉讼法的规定作了相应的修改。即：被告申请延期提供证据的，应当在收到起诉状副本之日起 15 日内以书面方式向人民法院提出。人民法院准许延期提供的，被告应当在正当事由消除后 15 日内提供证据。逾期提供的，视为被诉行政行为没有相应的证据。

【条文释义】

一、延期举证的程序规定

举证期限是当事人向法院提交证据的法定期限。举证期限的直接意义在于，当事人超过举证期限提交证据，视为未提交该部分证据，该部分证据不能作为查明待证事实的证据，由此造成不能查明待证事实成立与否的，当事人承担结果意义上的举证责任。当事人不能以逾期提交的证据主张待证事实成立，也不能以此主张不承担说服责任。对被告而言，举证期限与举证责任紧密结合，其意义在于督促被告及时、全面提交证据，杜绝消极应诉甚至不应诉。对原告及第三人而言，则可以防止可能出现的“证据突袭”，平衡当事人之间的诉讼权利。

行政诉讼法第六十七条规定“被告应当在收到起诉状副本之日起15日内向人民法院提交作出行政行为的证据和所依据的规范性文件”，即被告的举证期限是收到起诉状副本之日起15日内。同时考虑到确有被告主观不能控制的客观原因等正当事由的，允许被告延期举证，规定了延长举证期限的救济措施，但对延期提供证据必须有严格的限制条件。本条第一款规定，被告申请延期提供证据的，应当在收到起诉状副本之日起15日内以书面方式向人民法院提出。

第一，提出延期举证的申请必须在法定期限内提出。即行政诉讼法第六十七条规定的“收到起诉状副本之日起15日内”的举证期限内提出。延期提供证据的申请必须在举证期限内提出。如果在举证期限届满以后再提出延期提供证据的申请，此时已导致逾期提供证据而发生相应的法律后果，不再存在提出延期提供证据的申请的基础。

第二，必须有正当事由。延期提供证据的正当事由应当理解为“不可抗力或者客观上不能控制的正当事由”，实际上是为延期提供证据设定严格的限制条件，防止随意扩大延期提供证据的范围而使本条对举证期限的规定形同虚设。所谓“不可抗力”，一般是指“不能预见、不能避免和不能克服的客观情况”，如发生台风、洪水、地震等自然灾害，导致被告无法及时提供证据。“客观上不能控制”是指出现行政机关主观上不能控制的事项，比如承办人当时正在外地或者国外不能及时回到行政机关，而相关证据锁在其办公桌，无法按照规定提交证据。客观上不能控制的其他事由，也属于不能由被告主观上左右的客观情况，这种情况应当是比较少见。

第三，延期提供证据的申请是要式行为，即必须以书面形式提出。要式的要求既可以促使申请人审慎行事，正确对待其延期申请，又有据可查，便于证明其提出申请的情况。

第四，延期举证的申请必须经法院审查。是否准许延长举证期限，人民法院可以根据案件的具体情况确定。如果法院经审查，延期举证申请的理由成立的，则准予延期举证；申请理由不能成立的，则不予准许，被告应当在举证期限内提供证据，否则，会被视为没有相应的证据，承担不利的法律后果。

二、逾期提供证据的法律后果

证据失权是指负有提交证据责任的一方诉讼当事人如果未能按照约定或者规定的时间向法庭提交证据，视为没有相应的证据，其提交的证据不再予以组织质证，也不能作为认定案件事实的依据。行政诉讼法中，被告对作出的行政行为负有举证责任；如果被告不提供或者无正当理由逾期提供证据，视为没有相应证据。

根据行政诉讼法的规定，被告应当主动提供证据，并且应当在行政诉讼法第六十七条规定的“收到起诉状副本之日起十五日内”向人民法院提交作出行政行为的证据和所依据的规范性文件。被告如果有正当理由可以逾期提供证据。在逾期提供证据的正当事由消除后，被告应当向人民法院提供证据，并且应当在法定期限内提供，否则被告要承担不利的法律后果。本条规定人民法院准许延期提供的，被告应当在正当事由消除后15日内提供证据。逾期提供的，视为被诉行政行为没有相应的证据。

【实务指导】

关于被告逾期提供证据应当注意以下几个问题。

1. 作为被告诉讼代理人的律师在提供证据时，也要严格依照被告举证期限的规定。被告诉讼代理人的权利是基于被告的委托，被告需要遵守的法定期限，其诉讼代理人同样要遵守。

2. 行政赔偿诉讼案件中，对被告及其诉讼代理人提供的有关赔偿数额的证据，不受被告举证期限的限制，不过也需在一审法庭庭审结束前或者人民法院指定的交换证据之日提供；对涉及确认行政行为的合法性的证据，仍适用有关被告举证期限的规定。

3. 行政诉讼中管辖异议出现时被告举证期限如何确定。第一，被告在行政诉讼中所举证据，是其在行政程序中已经收集并作为行政行为事实依据的材料，与管辖权异议没有必然的联系，行政诉讼法明确规定了被告应当在收到起诉状之日起15日内举证，受诉法院已经向被告发送了起诉状副本，被告也收到了起诉状副本，那么被告就应当在法定期限向法院举证。被告有正当理由经法院准许延期提供证据的除外。第二，当事人（包括被告）提出管辖权异议，是指当事人认为受诉法院对已经受理的案件依法无管辖权，而向受诉人民法院提出的不服受诉法院管辖的意见和主张。故管辖权异议仅涉及法院管辖是否合法的问题，并不涉及被告的举证是否可以延期问题，无论哪一个法院管辖，被告都必须依照法定期限举证。即使当事人向法院提出的管辖权异议成立，也不影响被告依法举证，因为受诉法院将案件移送有管辖权法院的同时，可以将被告在举证期限内提供的证据一并移送，而受移送的法院则不应当重新接受被告超过举证期限提供的证据。第三，如果允许被告可以在管辖权异议确定之后再重新确定举证期限，那么行政机关明知不存在管辖异议的情况，为了故意拖延举证，转化证据，也可能向法院提出管辖异议，从而使一些本来违法、缺乏证据的行政行为，经过诉讼阶段的修饰，以合法、证据充分的面目出现，这从根本上违背了行政诉讼的宗旨，不利于司法公正。

4. 行政机关延期举证的证据必须是作出行政行为时已经取得的证据。行政机关作出行政行为时，应当遵循“先取证、后裁决”的法定程序规则，不得在没有事实根据的时候作出任何决定。因此，其延期举证的证据必须是作出行政行为时已经取得的证据，而不能提供作出行政行为时未取得的证据。

（马永欣撰写）

第三十五条　原告或者第三人应当在开庭审理前或者人民法院指定的交换证据清单之日提供证据。因正当事由申请延期提供证据的，经人民法院准许，可以在法庭调查中提供。逾期提供证据的，人民法院应当责令其说明理由；拒不说明理由或者理由不成立的，视为放弃举证权利。

原告或者第三人在第一审程序中无正当事由未提供而在第二审程序中提供的证据，人民法院不予接纳。

【条文主旨】

本条是关于原告、第三人举证期限的规定。

【起草背景】

1989 年行政诉讼法第三十七条规定，原告可以提供证明行政行为违法的证据。《行政诉讼证据规定》第六条规定：“原告可以提供证明被诉具体行政行为违法的证据。原告提供的证据不成立的，不免除被告对被诉具体行政行为合法性的举证责任。”根据该条规定，原告对“被诉具体行政行为违法”的主张承担推进责任，原告不能证明被诉具体行政行为违法时，只是增加了败诉的风险而不意味着被告必然胜诉。又如，《行政诉讼证据规定》第五条规定："在行政赔偿诉讼中，原告应当对被诉具体行政行为造成损害的事实提供证据。”这条规定设定了原告的说服责任，即原告若不能提供证据证明被诉具体行政行为造成其损害事实的，将要承担败诉的法律后果。因此，行政诉讼的原告对特定的事项承担举证责任。

对原告和第三人是否也应当限定举证期限实践中存在很大争议。1989 年行政诉讼法和《若干解释》对原告和第三人举证期限均未规定。《若干解释》第二十六条明确限定了被告的举证期限，在实务界和理论界均产生很大的反响。很多行政机关因为没有在《若干解释》确定的期限内向法院提供证据，而在诉讼中失利。《若干解释》出台之后，一些法官提出是否应当限制原告的举证期限的问题。最高人民法院在起草《行政诉讼证据规定》过程中，对这个问题也有不同意见。有的观点认为，行政诉讼的目的是对被诉具体行政行为的合法性进行审查，而不是对原告是否有违法行为进行审查。因此，对原告的举证期限不应当限制。只要原告提出的证据能够证明被诉具体行政行为是违法的，法院就应当作为定案的根据。另外，在行政程序中，公民、法人或者其他组织相对于行政机关而言是弱者，在诉讼程序中，原告应当比被告享有更多的诉讼权利。另外一种观点认为，有必要对原告的举证期限进行限制。主要理由有四点。第一，法律、法规对原告提起诉讼的期限有所规定，有的规定 3 个月，有的规定 15 天。这些期限的规定，一方面是考虑到行政管理秩序的稳定性，另一方面也是对原告收集证据期限的规定，也就是说，一般情况下，原告应当在提起诉讼之前收集到足以胜诉的相关证据。第二，原告提起诉讼时，若不能初步证明被诉具体行政行为的存在以及被诉具体行政行为与其有法律上的利害关系，法院将不予受理。也就是说，尽管行政诉讼法确立的是法院对被诉具体行政行为的合法性进行审查的原则，但不等于原告在诉讼开始前没有任何收集和提供证据的义务。第三，原告的举证期限不加限制，将导致诉讼资源浪费和诉讼程序的不公平。例如，原告在一审中没有提供证据，法院通过审查被告提供的证据作出一审判决，维持被诉具体行政行为。原告不服一审判决，提出上诉。在二审审理期间，原告提出能够证明被诉具体行政行为违法的证据。法院如果以这些证据为定案根据，则需要推翻一审判决。但对一审法院而言，其在认定案件事实时没有任何过错，二审法院判决撤销一审判决似乎不合乎情理，而且将使一审法院的裁判失去意义。这不但浪费了司法资源，也浪费了行政资源。第四，对原告和第三人的举证期限不加限制，则无法制约原告和第三人滥用诉讼权利。这不仅严重违背诚实信用原则，增加了对方当事人的诉讼成本，也干扰了诉讼活动的正常进行，严重影响了法律的实施效果和法院的威信。如果原告在一审开庭审理期间或者在二审均可提供证据，原告和第三人在诉前则可以不积极收集证据。原告也可以在一审期间故意不提供证据，而在二审中提供。因此，对原告举证期限的限制是非常必要的。应当说第二种意见更符合实际情况和诉讼规律。因此，《行政诉讼证据规定》第七条规定了原告或者第三人的举证期限，即应当在开庭审理前或者人民法院指定的交换证据之日提供证据。该条还规定了原告延期提供证据和逾期提供证据的后果，即原告因正当事由申请延期提供证据的，经人民法院准许，可以在法庭调查中提供。逾期提供证据的，视为放弃举证权利。同时，为了防止原告或者第三人搞“证据突袭”，维护第一审程序的价值，该条还规定原告或者第三人在第一审程序中无正当事由未提供而在第二审程序中提供的证据，人民法院不予接纳。

2014 年修正行政诉讼法也明确规定了原告对特定事项的举证责任。因此，也应当相应地对原告的举证期限加以限定。本条基本遵循了《行政诉讼证据规定》第七条规定的精神，同时补充规定了逾期提供证据时，法院责令其说明理由的义务以及逾期举证的后果。

【条文释义】

本条关于原告和第三人举证期限制度的规定包括以下内容。

一是原告和第三人举证期限的期间。举证期限采取法定期间兼指定期间相结合的方式，即原告或者第三人应当在开庭审理前或者人民法院指定的交换证据之日提供证据，这是一项选择性规定。其选择顺序应当是，如果法院指定了交换证据的日期，该日期就是原告提供证据的最后时间界限；如果没有指定交换证据的日期，应当在开庭审理前提供证据，也即开庭审理（原则上是第一次开庭审理）之前一日为原告和第三人提供证据的最后期限。

二是举证期限的终点。即原告或者第三人向人民法院提出证据的最后期限，这是举证期限最关键的问题，它直接关系到当事人诉讼权利的行使，关系到举证期限的制度价值能否实现。原告或者第三人应当在开庭审理前或者人民法院指定的交换证据之日提供证据。当然，原告或者第三人因正当事由申请延期提供证据的，应当在法庭调查中提供。因为举证期限制度的功能之一就是防止突然袭击，如果允许原告或者第三人在法庭辩论结束前可随时提出证据，则往往会使对方当事人丧失进行充分辩论的机会。因此，原告或者第三人举证时限的终点，应当为开庭审理前或者人民法院指定的交换证据之日，除非有正当事由申请延期提供证据，但也应当在法庭调查中提供。

三是举证期限届满的法律后果。举证期限系对当事人行为意义上的举证责任在期间上的限制，无论该举证期限是法定期限还是指定期限，均具有法律效力，而其法律拘束力最重要的部分即逾期提供证据的，视为放弃举证权利。

四是逾期举证必须有正当事由。对于因正当事由逾期举证的，经人民法院准许，可以延期到法庭调查中提供。对当事人故意不按时举证，则不论其后提出的证据对案件产生多大的影响，人民法院一律不予采纳。如果确有正当理由，原告或者第三人还可以在第二审程序中提供证据。但在第一审程序中无正当理由未提供而在第二审程序中提供的证据，人民法院不予接纳。

【实务指导】

处于不同地位的第三人的举证期限是不同的。本条规定中的第三人，应当是指居于非被告地位的第三人。行政诉讼中的第三人有几种情形。根据行政诉讼法第二十九条的规定，公民、法人或者其他组织同被诉行政行为有利害关系但没有提起诉讼，或者同案件处理结果有利害关系的，可以作为第三人申请参加诉讼，或者人民法院通知参加诉讼。前者作为第三人参加诉讼其地位相当于原告；后者参加诉讼的第三人，可能与被告的利益相一致，如行政许可案件或者行政确权案件的另一方，其地位相对独立，有其可保护的独立的自身利益。这两种情形下的第三人的举证期限适用本条规定。但在行政诉讼中，还存在另一种第三人，根据本解释第二十六条第二款的规定，应当追加被告而原告不同意追加的，人民法院应当通知其以第三人的身份参加诉讼。也就是说，在这种情况下，所追加的第三人，其地位与被告相同，因此对这样的第三人的举证期限应当适用有关被告举证期限的规定。

（马永欣撰写）

第三十六条　当事人申请延长举证期限，应当在举证期限届满前向人民法院提出书面申请。

申请理由成立的，人民法院应当准许，适当延长举证期限，并通知其他当事人。申请理由不成立的，人民法院不予准许，并通知申请人。

【条文主旨】

本条是关于当事人申请延长举证期限具体规则的规定。

【起草背景】

行政诉讼法和有关司法解释对当事人提出申请延长举证期限和申请的形式均没有作出规定。本解释第三十五条对被告提出申请延长举证期限和申请的形式作了规定，因此对原告和第三人什么时候申请、如何申请也应当加以规定。本条借鉴了《民诉解释》第一百条的规定。

【条文释义】

本条是关于当事人申请延长举证期限具体规则的规定，主要包括以下几方面内容。

1. 对当事人申请延长举证期限的要求。当事人的申请应当在举证期限届满前提出。如前所述，将当事人的申请行为视为举证行为，赋予相同法律效果。当事人申请延长举证期限的行为，当然应当遵守举证期限的要求。当事人在举证期限内有正当事由不能举证的，应当在举证期限届满前提出申请。举证期限届满，对于原告而言，应当在开庭审理前或者人民法院指定的交换证据之日；对于被告而言，应当在收到起诉状副本之日起15日内。如果在举证期限届满以后再提出延期提供证据的申请，此时已导致逾期提供证据而发生相应的法律后果，不再存在提出延期提供证据的申请的基础。

2. 当事人的申请应当以书面方式提出。延长举证期限不仅与申请人有关，也涉及其他当事人的诉讼利益，从程序公正的角度出发，要求当事人以书面方式申请更为妥当。要式的要求既可以促使申请人审慎行事，正确对待其延期申请，又有据可查，便于证明其提出申请的情况。

3. 人民法院对当事人的申请理由应当进行审查。审判实践中，对当事人申请延长举证期限的理由，人民法院应当进行审查。人民法院对当事人逾期提供证据的理由进行审查，是连接举证期限和逾期提供证据的后果之间的桥梁。逾期提供证据的后果的适用，必然经过人民法院的审查过程。因此，人民法院如何进行审查，对于举证时限制度的适用具有十分重要的意义。审查是人民法院适用相应后果的前提。理由是否成立，非经人民法院审查，无法得出结论。因此，虽然该条没有明确规定对逾期证据进行审查及有关的程序上的要求，但审查的内容隐含在条文之中，理由不成立的判断权在人民法院。这是程序公正的基本要求，也是审判实践经验的总结。程序公正的标准有三个方面的内容，即中立、冲突的疏导、裁判。其中冲突的疏导包括四项具体规则：（1）平等地告知每一方当事人有关程序的事项；（2）冲突的解决应听取双方的辩论和证据；（3）冲突的解决者只应在另一方当事人在场的情况下听取对方的意见；（4）每一方当事人都应有公平的机会回答另一方所提出的辩论和意见。因此，在当事人逾期提供证据的场合，要求人民法院在一定程序中责令当事人说明理由，意味着必须有对方当事人在场，保障对方当事人发表意见的机会。通过逾期提供证据的当事人的说明，对方当事人的反驳，双方的辩论，以及必要时双方当事人的举证、质证，人民法院对当事人逾期提供证据的理由是否成立能够更好地作出判断。审判实践中，一些人对于程序公正的价值缺乏应有的认识，对于程序公正的标准缺乏应有的知识，缺乏应有的程序意识，在判断证据是否逾期问题上，认为双方当事人在场对逾期提供证据的理由发表意见、进行辩论和质证，增加程序的复杂性，没有必要。这种观念是极端错误、非常有害的。当然，要求人民法院在一定的程序中责令当事人说明逾期提供证据的理由，其目的在于要求人民法院为双方当事人提供程序上的保障，并非要求人民法院另行专门组织双方当事人就逾期提供证据的理由进行辩论和质证。事实上，在具体操作上，可以灵活，如在开庭审理过程中一方当事人提出举证期限之内未提供的证据，人民法院可以在其后庭审中先就当事人逾期提供证据的理由进行查明。这里所强调的是，人民法院在这一事关当事人重大利益和程序权利的事项上，应当满足程序公正的基本要求。

4. 举证期限延长的期限由人民法院决定。人民法院认为当事人申请理由成立的，可以根据具体情况，酌情确定延长的期限。所谓适当延长，意味着人民法院可以斟酌个案的情况，决定与具体情况相对应的适当期限。

5. 人民法院对于延长举证期限的申请有答复的义务。即无论人民法院是否准许当事人的申请，均应通知当事人。只是在准许的情况下，应当同时通知其他当事人。

【实务指导】

人民法院应当向当事人释明举证的要求。为保障当事人依法行使权力，查清案件事实，法官应当对当事人的举证进行释明和指导。人民法院负有依法告知当事人举证的具体要求及其法律后果的职责，即人民法院应当告知当事人举证范围、举证期限和逾期提供证据的法律后果，并告知当事人有正当事由不能按期提供证据时应当提出延期提供证据的申请。告知当事人举证的要求，促使当事人在合理期限内积极全面、正确、诚实地举证，以减轻诉累，符合诉讼经济原则。

（马永欣撰写）

[部门规章、规章性文件与解读]

司法部
关于印发《关于促进律师参与公益法律服务的意见》的通知

2019年10月17日　　　　司发通［2019］105号

各省、自治区、直辖市司法厅（局），新疆生产建设兵团司法局：

现将《关于促进律师参与公益法律服务的意见》印发给你们，请结合实际，认真贯彻执行。执行中的情况和问题，请及时报部。

关于促进律师参与公益法律服务的意见

为充分发挥律师在推进全面依法治国中的重要作用，更好满足人民群众日益增长的法律服务需求，根据《中共中央办公厅国务院办公厅印发〈关于深化律师制度改革的意见〉的通知》《中共中央办公厅国务院办公厅印发〈关于加快推进公共法律服务体系建设的意见〉的通知》和相关法律法规规定，现就促进律师参与公益法律服务提出如下意见。

一、总体要求

（一）指导思想。以习近平新时代中国特色社会主义思想为指导，全面贯彻落实党的十九大和十九届二中、三中全会精神，认真贯彻落实习近平总书记全面依法治国新理念新思想新战略，组织、引导、支持广大律师积极参与公益法律服务，大力发展公益法律服务事业，推动律师公益法律服务制度化、规范化，构建覆盖城乡、高效便捷、均等普惠的公共法律服务体系和全业务、全时空的法律服务网络，增强人民群众在全面依法治国中的获得感、幸福感、安全感。

（二）基本原则。坚持党建引领，发挥律师事务所党组织在公益法律服务中的战斗堡垒作用和党员律师的先锋模范作用；践行为民宗旨，着力服务和保障民生，满足人民群众日益增长的法律服务需求；鼓励志愿奉献，引导律师自觉履行社会责任，主动参与公益法律服务；加强组织领导，完善经费保障和工作激励措施，调动律师参与公益法律服务的积极性。

（三）工作目标。广大律师参与公益法律服务的积极性、主动性不断增强，公益法律服务覆盖面持续扩大，服务质量和水平逐步提升，体制机制更加健全，激励保障措施更加完善，在满足人民群众法律服务需求、推进全面依法治国中的作用更加凸显，促进律师队伍亲民、爱民、为民的良好形象进一步树立，律师职业社会认可度、满意度、美誉度进一步提升。

二、主要措施

本《意见》所称公益法律服务，是指律师事务所、律师为公民、法人和其他组织提供的无偿法律服务。

（四）拓展服务领域。鼓励、引导律师为残疾人、农民工、老年人、妇女、未成年人等特殊群体提供公益法律服务；担任村（居）法律顾问，为城乡群众和基层群众性自治组织提供服务；参与公益性法治宣传活动，担任普法志愿者、法治辅导员等；在公共法律服务平台或者通过其他渠道提供免费法律咨询服务；参与法治扶贫活动，到边疆地区、欠发达地区和少数民族地区担任志愿律师；协助党政机关开展信访接待、涉法涉诉案件化解、重大突发案事件处置、城市管理执法等工作；提供公益性律师调解服务，志愿参与人民调解、行政调解、司法调解和行业性、专业性调解；参与民营企业“法治体检”公益服务；从事公益法律服务政策研究、立法论证、学术交流、人才培养等工作；为公益法律服务活动提供赞助或者支持；从事其他形式的公益法律服务。

（五）增强服务实效。突出服务重点，围绕满足群众基本法律需求，优先为城乡困难群众和特殊群体提供公益法律服务，强化劳动、就业、社保、教育、医疗等民生领域法律服务，主动为脱贫攻坚、污染防治等国家重大发展战略服务。准确把握服务对象需求，针对不同受众和不同主题，善于用群众喜闻乐见、通俗易懂、灵活有效的方式开展服务，增强服务针对性、吸引力。支持律师自主选择与其专业特长、实践经验、兴趣爱好等相适应的服务内容和方式，调动律师参与积极性。创新服务形式，探索“互联网+”公益法律服务模式，充分运用中国法律服务网、微信、微博、手机APP等服务载体，提供线上咨询、智能诊断、信息推送等形式的远程在线服务。加强与高校法律诊所、有关社会团体、爱心企业、爱心人士等社会力量的合作，共同开展公益法律服务活动。

（六）明确服务要求。律师应当积极参与党委和政府、司法行政机关和律师协会组织的公益法律服务活动。倡导每名律师每年参与不少于50个小时的公益法律服务或者至少办理2件法律援助案件。各地可以结合本地经济社会发展水平和律师行业实际，制定律师公益法律服务工作量的具体指导标准，并可以根据律师执业地域、年龄、身体状况等分类提出要求。公益法律服务工作量的计算方法由各地司法行政机关、律师协会确定。律师从事公益法律服务应当依法依规，勤勉尽责，可以与服务对象签订服务协议，对服务内容、方式、工作条件等进行约定，规范服务流程，保障服务质量。

（七）提升服务能力。发展公益法律服务机构和公益律师队伍，加强法律服务志愿者队伍建设，提高公益法律服务专业化、职业化水平。各律师协会普遍设立公益法律服务专门委员会，鼓励设立未成年人保护等领域的公益法律服务专业委员会。律师协会开展申请律师执业人员集中培训、行业领军人才培训、青年律师培训等培训活动时，应当把公益法律服务培训作为重要内容。积极开展形式多样的公益法律服务业务技能培训和研讨交流活动，加强公益法律服务政策理论研究。做优做强中国法律服务网、“援藏律师服务团”、“1+1”法律援助志愿者行动、“同心·律师服务团”等公益法律服务品牌。

（八）注重示范引领。各地司法行政机关、律师协会应当积极培养和选树律师公益法律服务先进典型，总结推广有益经验和做法。中共党员律师、担任人大代表或者政协委员的律师、律师协会评选表彰的历届优秀律师、律师协会会长、副会长、监事长、常务理事以及知名律师等应当在公益法律服务中发挥表率作用。鼓励、支持青年律师、实习律师参与公益法律服务，在实践锻炼中提升道德修养和业务能力。各律师事务所特别是大型律师事务所、知名律师事务所应当积极组织、支持本所律师参与公益法律服务，在活动时间、经费场地、绩效考核等方面给予必要的保障。

（九）开展考核评价。律师、律师事务所参与公益法律服务时应当注意保存相关工作记录。司法行政机关、律师协会组织开展律师执业年度考核和律师事务所年度检查考核时，应当按照《律师事务所年度检查考核办法》等行政规章和行业规范要求，把公益法律服务情况作为重要考核内容。完善行业主管部门和律师协会评价、服务对象评价、社会公众评价、服务主体自评相结合的公益法律服务评价机制，将评价结果与律师事务所、律师评先评优挂钩。

三、工作保障

（十）强化组织领导。各地司法行政机关、律师协会负责指导、推动本地区律师公益法律服务工作，协调解决工作中遇到的困难，促进律师公益法律服务深入开展。鼓励各地根据当地发展状况和群众实际需要，探索符合本地实际的公益法律服务工作模式、组织形式、运作方式。积极建立健全司法行政机关、律师协会与法院、检察院、公安、宣传、民政、工会、妇联、残联、工商联等有关单位和社会组织的沟通协调机制，搭建合作平台。完善跨区域协作和对口支援机制，组织、支持律师到欠发达地区和律师资源匮乏地区提供公益法律服务。

（十一）加强经费支持。各地司法行政机关要主动向当地党委、政府汇报律师公益法律服务开展情况及成效，推动将符合条件的律师公益法律服务事项纳入各级基本公共服务体系，争取财政预算和资金支持，加大经费保障力度。有关单位组织律师无偿服务时，一般应协调相应的工作经费，为律师提供适当的交通、食宿等工作补贴。探索通过发放法律服务消费券形式提供公益法律服务。拓宽经费来源，充分利用中央彩票专项公益金等资金开展公益法律服务活动，引导社会力量通过慈善捐赠、项目合作等形式支持公益法律服务。

（十二）完善激励措施。各地推荐党代表、人大代表、政协委员和选举律师协会会长、副会长、监事长、常务理事、理事、监事及专门委员会、专业委员会负责人，以及选派律师参加国内外交流培训等活动时，应当在同等条件下优先考虑在公益法律服务中表现突出的律师。有条件的地方律师协会可以根据需要对在公益法律服务中表现突出的律师、律师事务所酌情减免个人会费、团体会费。指导、推动党政机关、企事业单位选聘法律顾问时，在同等条件下优先选聘在公益法律服务中表现突出的律师和律师事务所。

（十三）大力表彰宣传。对在公益法律服务中表现突出的律师和律师事务所，各地司法行政机关、律师协会要在本系统评先评优活动中优先考虑，并积极推荐其参加劳动模范、道德模范或者其他形式的评选表彰。组织各类媒体大力宣传律师参与公益法律服务的做法成效，深入报道律师服务为民的感人事迹，生动展示律师队伍的高尚道德品质和良好精神风貌，增强律师参与公益法律服务的荣誉感、自豪感。

司法部相关负责人就《关于促进律师参与公益法律服务的意见》答记者问

2019 年 10 月 17 日，司法部印发了《关于促进律师参与公益法律服务的意见》（以下简称《意见》）。司法部有关负责人就《意见》的有关情况回答了记者提问。

问：请问司法部制定《意见》的主要考虑是什么？

答：我国律师队伍是社会主义法治工作队伍的重要组成部分。律师参与公益法律服务，是中国特色社会主义律师制度的鲜明特色和内在要求，是坚持执业为民、落实以人民为中心的发展思想的具体实践。党中央高度重视公益法律服务事业发展，中央全面深化改革领导小组审议通过的《关于深化律师制度改革的意见》《关于加快推进公共法律服务体系建设的意见》明确提出要引导律师自觉履行社会责任，积极参与公益性法律服务。在全面依法治国新形势下，进一步支持、促进律师参与公益法律服务，有利于加快建设现代公共法律服务体系，满足人民群众在民主、法治、公平、正义、安全等方面日益增长的美好生活需要，也有利于培养律师社会责任感，提高律师政治素质和业务素质，扩大律师服务领域和社会影响力。为了进一步发展公益法律服务，满足人民群众法律服务需求，促进律师行业健康发展，司法部在深入研究、广泛征求各方面意见建议的基础上，研究制定了《关于促进律师参与公益法律服务的意见》。这是在新中国成立70周年、律师制度恢复重建40周年之际司法部出台的关于律师公益法律服务的第一份专门性文件，必将对促进我国公益法律服务事业做大做强做优产生积极影响。

问：请简要介绍一下近年来我国公益法律服务事业的发展情况？

答：近年来，在新一任司法部党组领导班子的正确领导下，律师工作始终坚持党建引领，坚持以人民为中心的发展理念，着力践行服务为民根本宗旨，推动公益法律服务事业取得了新发展。一是律师公益法律服务意识不断增强。广大律师自觉以习近平新时代中国特色社会主义思想为指导，认真践行人民律师为人民的宗旨，积极参与各类公益法律服务，服务为民、服务大局的自觉性、主动性不断提升，涌现出一大批先进典型，赢得社会各界广泛赞誉。积极投身公益、热心支持公益，已经成为律师行业的一种风尚和价值追求。二是律师公益法律服务覆盖面不断扩大。将低收入群体、残疾人、农民工等特殊群体作为公益法律服务的重点对象，帮助其依法维护权益。推进村（居）法律顾问全覆盖，组织律师为全国60多万村（居）担任法律顾问，提供专业、就近、便捷的法律服务。持续开展法治援建帮扶活动，组织律师到边疆地区和少数民族地区提供志愿服务，成功解决了全国174个县无律师问题。三是律师公益法律服务新举措不断推出。推进刑事案件律师辩护全覆盖试点，保障每一个刑事案件被告人都能获得律师辩护。开展律师调解工作试点，帮助当事人省时省力解决纠纷，缓解法院“案多人少”压力。组织律师协助政府部门和司法机关开展信访接待、涉法涉诉信访案件化解、重大案事件处置、城市管理执法等工作，促进社会和谐稳定。组织律师常态化开展民营企业“法治体检”活动，努力为民营经济发展营造良好法治环境。四是律师公益法律服务理念方法不断创新。依托公共法律服务实体、热线、网络三大平台，整合律师服务资源，延伸服务触角，为群众提供更加专业、便捷、普惠的法律服务。顺应信息化、网络化、智能化发展趋势，通过建立服务微信群、公众号、研发智能法律服务软件等方式，推动公益法律服务从传统服务向移动服务、预约服务、定制服务、智慧服务方向发展。总的来看，我国律师参与公益法律服务的广度和深度不断提升，公益法律服务网络初具规模，40多万律师已经成为我国公益法律服务的中坚力量，在推进全面依法治国、服务经济社会发展、维护社会公平正义、保障和改善民生中发挥着越来越重要的作用。同时，律师公益法律服务还存在不少问题和短板，需要进一步完善体制机制，强化工作保障，努力实现规范化、长效化、制度化，更好满足全面依法治国新要求和人民群众新期待。

问：《意见》对进一步促进律师参与公益法律服务提出了什么样的总体思路？

答：《意见》提出，要以习近平新时代中国特色社会主义思想为指导，全面贯彻落实党的十九大和十九届二中、三中全会精神，认真贯彻落实习近平总书记全面依法治国新理念新思想新战略，组织、引导、支持广大律师积极参与公益法律服务，大力发展公益法律服务事业，推动律师公益法律服务制度化、规范化，构建覆盖城乡、高效便捷、均等普惠的公共法律服务体系和全业务、全时空的法律服务网络，增强人民群众在全面依法治国中的获得感、幸福感、安全感。要通过努力，使广大律师参与公益法律服务的意识不断增强，服务覆盖面持续扩大，服务质量逐步提升，体制机制更加健全，激励保障措施更加完善，职能作用更加凸显，促进律师队伍亲民、爱民、为民的良好形象进一步树立，律师职业社会认可度、满意度、美誉度进一步提升。

问：《意见》在促进律师参与公益法律服务方面提出了哪些具体工作措施？

答：《意见》从六个方面规定了促进律师参与公益法律服务的主要措施：一是拓展服务领域。鼓励律师担任村（居）法律顾问、参与普法宣传、参与法治帮扶、调解矛盾纠纷、协助党政机关做好信访接待、涉法涉诉案件化解工作等。二是增强服务实效。准确把握人民群众新需求，重点为城乡困难群众和特殊群体提供民生领域法律服务，主动服务国家重大发展战略。加强与社会力量合作，创新服务形式，积极发展“互联网＋”公益法律服务。三是明确服务要求。倡导每名律师每年参与不少于50个小时的公益法律服务或者至少办理2件法律援助案件。要求律师在公益法律服务中做到勤勉尽责，保证服务质量。四是提升服务能力。发展公益法律服务机构和公益律师队伍，加强公益法律服务业务技能培训和研讨交流，做优做强律师公益法律服务品牌，促进公益法律服务专业化、职业化。五是注重示范引领。积极培养和选树公益法律服务先进典型，总结推广有益经验和做法，鼓励青年律师、实习律师参与公益法律服务，明确中共党员律师等应当在公益法律服务中发挥表率作用。六是开展考核评价。将公益法律服务情况作为律师执业年度考核和律师事务所年度检查考核的重要内容。完善公益法律服务评价机制，将评价结果与律师事务所、律师评先评优挂钩。

问：《意见》在调动律师参与公益法律服务的积极性方面提出了哪些工作保障措施？

答：为增强律师参与公益法律服务的获得感、荣誉感，更好调动律师工作积极性，《意见》专设一章规定了工作保障措施，主要包括三方面内容。一是加强经费支持。推动将符合条件的律师公益法律服务事项纳入各级基本公共服务体系，争取财政预算和资金支持。要求有关单位组织律师无偿服务时，一般应协调相应的工作经费，为律师提供适当的工作补贴。充分利用中央彩票专项公益金等资金开展公益法律服务活动，引导社会力量通过慈善捐赠、项目合作等形式支持公益法律服务。二是完善激励措施。各地推荐党代表、人大代表、政协委员和选举律师协会负责人，以及选派律师参加国内外交流培训等活动、开展机关企事业法律顾问选聘时，在同等条件下优先考虑在公益法律服务中表现突出的律师。鼓励有条件的地方律师协会对在公益法律服务中表现突出的律师、律师事务所酌情减免个人会费、团体会费。三是大力表彰宣传。各地司法行政机关、律师协会对在公益法律服务中表现突出的律师和律师事务所，在本系统评先评优活动中优先考虑，并积极推荐其参加劳动模范、道德模范或者其他形式的评选表彰。组织各类媒体大力宣传律师参与公益法律服务的做法成效和感人事迹，展示律师队伍良好精神风貌，增强律师参与公益法律服务的荣誉感、自豪感。

问：如何确保《意见》贯彻落实到位？

答：《意见》明确各地司法行政机关、律师协会负责指导、推动本地区律师公益法律服务工作，协调解决工作中遇到的困难，促进律师公益法律服务深入开展。考虑到各地经济社会发展水平的不同，《意见》鼓励各地根据当地发展状况和群众实际需要，探索符合本地实际的公益法律服务工作模式、组织形式、运作方式。为形成促进律师参与公益法律服务的整体合力，《意见》要求各地司法行政机关、律师协会加强与法院、检察院、公安、宣传、民政、工会、妇联、残联、工商联等有关单位和社会组织的沟通协调，并完善跨区域协作等工作机制，搭建合作平台。

规范商标申请注册行为若干规定

2019 年 10 月 11 日　　　国家市场监督管理总局令第 17 号公布

第一条　为了规范商标申请注册行为，规制恶意商标申请，维护商标注册管理秩序，保护社会公共利益，根据《中华人民共和国商标法》（以下简称商标法）和《中华人民共和国商标法实施条例》（以下简称商标法实施条例），制定本规定。

第二条　申请商标注册，应当遵守法律、行政法规和部门规章的规定，具有取得商标专用权的实际需要。

第三条　申请商标注册应当遵循诚实信用原则。不得有下列行为：

（一）属于商标法第四条规定的不以使用为目的恶意申请商标注册的；

（二）属于商标法第十三条规定，复制、摹仿或者翻译他人驰名商标的；

（三）属于商标法第十五条规定，代理人、代表人未经授权申请注册被代理人或者被代表人商标的；基于合同、业务往来关系或者其他关系明知他人在先使用的商标存在而申请注册该商标的；

（四）属于商标法第三十二条规定，损害他人现有的在先权利或者以不正当手段抢先注册他人已经使用并有一定影响的商标的；

（五）以欺骗或者其他不正当手段申请商标注册的；

（六）其他违反诚实信用原则，违背公序良俗，或者有其他不良影响的。

第四条　商标代理机构应当遵循诚实信用原则。知道或者应当知道委托人申请商标注册属于下列情形之一的，不得接受其委托：

（一）属于商标法第四条规定的不以使用为目的恶意申请商标注册的；

（二）属于商标法第十五条规定的；

（三）属于商标法第三十二条规定的。

商标代理机构除对其代理服务申请商标注册外，不得申请注册其他商标，不得以不正当手段扰乱商标代理市场秩序。

第五条 对申请注册的商标，商标注册部门发现属于违反商标法第四条规定的不以使用为目的的恶意商标注册申请，应当依法驳回，不予公告。

具体审查规程由商标注册部门根据商标法和商标法实施条例另行制定。

第六条 对初步审定公告的商标，在公告期内，因违反本规定的理由被提出异议的，商标注册部门经审查认为异议理由成立，应当依法作出不予注册决定。

对申请驳回复审和不予注册复审的商标，商标注册部门经审理认为属于违反本规定情形的，应当依法作出驳回或者不予注册的决定。

第七条 对已注册的商标，因违反本规定的理由，在法定期限内被提出宣告注册商标无效申请的，商标注册部门经审理认为宣告无效理由成立，应当依法作出宣告注册商标无效的裁定。

对已注册的商标，商标注册部门发现属于违反本规定情形的，应当依据商标法第四十四条规定，宣告该注册商标无效。

第八条 商标注册部门在判断商标注册申请是否属于违反商标法第四条规定时，可以综合考虑以下因素：

（一）申请人或者与其存在关联关系的自然人、法人、其他组织申请注册商标数量、指定使用的类别、商标交易情况等；

（二）申请人所在行业、经营状况等；

（三）申请人被已生效的行政决定或者裁定、司法判决认定曾从事商标恶意注册行为、侵犯他人注册商标专用权行为的情况；

（四）申请注册的商标与他人有一定知名度的商标相同或者近似的情况；

（五）申请注册的商标与知名人物姓名、企业字号、企业名称简称或者其他商业标识等相同或者近似的情况；

（六）商标注册部门认为应当考虑的其他因素。

第九条 商标转让情况不影响商标注册部门对违反本规定第三条情形的认定。

第十条 注册商标没有正当理由连续三年不使用的，任何单位或者个人可以向商标注册部门申请撤销该注册商标。商标注册部门受理后应当通知商标注册人，限其自收到通知之日起两个月内提交该商标在撤销申请提出前使用的证据材料或者说明不使用的正当理由；期满未提供使用的证据材料或者证据材料无效并没有正当理由的，由商标注册部门撤销其注册商标。

第十一条 商标注册部门作出本规定第五条、第六条、第七条所述决定或者裁定后，予以公布。

第十二条 对违反本规定第三条恶意申请商标注册的申请人，依据商标法第六十八条第四款的规定，由申请人所在地或者违法行为发生地县级以上市场监督管理部门根据情节给予警告、罚款等行政处罚。有违法所得的，可以处违法所得三倍最高不超过三万元的罚款；没有违法所得的，可以处一万元以下的罚款。

第十三条 对违反本规定第四条的商标代理机构，依据商标法第六十八条的规定，由行为人所在地或者违法行为发生地县级以上市场监督管理部门责令限期改正，给予警告，处一万元以上十万元以下的罚款；对直接负责的主管人员和其他直接责任人员给予警告，处五千元以上五万元以下的罚款；构成犯罪的，依法追究刑事责任。情节严重的，知识产权管理部门可以决定停止受理该商标代理机构办理商标代理业务，予以公告。

第十四条 作出行政处罚决定的政府部门应当依法将处罚信息通过国家企业信用信息公示系统向社会公示。

第十五条 对违反本规定第四条的商标代理机构，由知识产权管理部门对其负责人进行整改约谈。

第十六条 知识产权管理部门、市场监督管理部门应当积极引导申请人依法申请商标注册、商标代理机构依法从事商标代理业务，规范生产经营活动中使用注册商标的行为。

知识产权管理部门应当进一步畅通商标申请渠道、优化商标注册流程，提升商标公共服务水平，为申请人直接申请注册商标提供便利化服务。

第十七条 知识产权管理部门应当健全内部监督制度，对从事商标注册工作的国家机关工作人员执行法律、行政法规和遵守纪律的情况加强监督检查。

从事商标注册工作的国家机关工作人员玩忽职守、滥用职权、徇私舞弊，违法办理商标注册事项，收受当事人财物，牟取不正当利益的，应当依法给予处分；构成犯罪的，依法追究刑事责任。

第十八条 商标代理行业组织应当完善行业自律规范，加强行业自律，对违反行业自律规范的会员实行惩戒，并及时向社会公布。

第十九条 本规定自2019年12月1日起施行。

《规范商标申请注册行为若干规定》一问一答*

问题一：规章制定的背景是什么？

答：伴随中国特色社会主义市场经济快速发展和改革开放的进一步深入，商标促进市场经济持续、稳定发展的作用日益凸现。在“大众创业，万众创新”背景下，中小微企业不断涌现，市场主体对注册商标的需求增长空前。近年来，随着商标注册程序优化、注册周期缩短、注册成本降低，当事人获得商标注册更为便捷，与此同时，也出现了大量以傍名牌为目的的恶意申请和为转让牟利而大量囤积商标等问题。这些恶意申请商标注册的行为严重扰乱了市场经济秩序和商标管理秩序，破坏营商环境，引起社会各界广泛关注。

2019 年 4 月 23 日，全国人大常委会通过了对《中华人民共和国商标法》（以下简称商标法）的修改决定。规制恶意申请、囤积注册等行为是此次修改的重点内容之一，主要涉及以下三个方面：一是增强商标使用义务，增加“不以使用为目的的恶意商标注册申请，应当予以驳回”的规定，首先在审查阶段予以适用，实现打击恶意注册的关口前移，并将其作为提出异议和请求宣告无效的事由，直接适用于异议程序和无效宣告程序中；二是规范商标代理行为，规定商标代理机构知道或者应当知道委托人存在恶意注册行为的不得接受委托，一经发现，依法追究责任；三是对申请人、商标代理机构恶意申请商标注册、恶意诉讼的行为规定了处罚措施。从而将规制恶意注册行为贯穿于整个商标申请注册和保护程序，在责任主体方面既包括申请人和权利人也包括商标代理机构。本次修改为规制恶意商标申请注册行为提供了直接、明确的上位法依据。

* 来源：知识产权局网站。

为着力营造尊重知识价值的营商环境，深化放管服改革，保障商标法顺利实施，有效规制恶意商标申请注册行为，体现严厉打击的决心和导向，促进公平竞争，在广泛征求社会各方意见的基础上，制定本规章。

问题二：规章的起草思路是什么？

答：规章在起草思路上主要有以下三点：一是遏制恶意申请商标注册行为，明确申请商标注册和从事商标代理的要求，充分发挥知识产权管理部门职能，将打击关口前移并实现全流程覆盖。二是配合商标法最新修改，细化商标注册部门依据商标法第四条进行审查时的考量因素，以及第六十八条行政处罚的适用情形和处罚幅度。三是强调监管与引导相结合，将商标审查、管理流程内规制手段与信用记录和代理管理等流程外措施相结合，将政府部门积极引导与行业自律相结合，形成严厉打击恶意申请商标注册行为的长效机制。

问题三：依据规章规定，属于违背诚实信用原则的商标申请注册行为有哪些？

答：目前商标法中关于违背诚实信用原则申请商标注册的规定散见于多个条款，规章在第三条对商标法规定的、实践中常见的违背诚实信用原则的行为类型进行集中列举，包括不以使用为目的恶意申请商标注册，复制、摹仿或者翻译他人驰名商标的，代理人、代表人未经授权申请注册被代理人或者被代表人商标的，基于合同、业务往来关系或者其他关系明知他人在先使用的商标存在而申请注册该商标的，损害他人现有的在先权利或者以不正当手段抢先注册他人已经使用并有一定影响的商标的，以欺骗或者其他不正当手段申请商标注册的，以及其他违反诚实信用原则、违背社会公序良俗或者有其他具有不良影响的行为。明确了申请商标注册的要求，为审查和执法提供更为明确的依据，并对社会公众进行宣传解读和正面引导。

问题四：规章对商标代理机构从事商标代理业务有哪些要求？

答：为了规范代理行为，净化商标代理市场秩序，规章第四条规定商标代理机构知道或者应当知道委托人存在恶意注册行为不得接受委托及其他不得从事的行为，包括属于商标法第四条规定的不以使用为目的恶意申请商标注册的、属于商标法第十五条规定的代理人、代表人或其他特定关系人抢注商标的，以及属于商标法第三十二条规定的损害他人现有在先权利或者以不正当手段抢先注册他人已经使用并有一定影响的商标的。此外，规章明确商标代理机构除对其代理服务申请商标注册外，不得申请注册其他商标，不得以不正当手段扰乱商标代理市场秩序。

问题五：近期恶意申请注册商标行为引发社会舆论广泛关注，尤其是知名网红敬汉卿的名字被他人恶意抢注事件。依据商标法和规章规定，将如何处理恶意申请注册行为？

答：修改后的商标法和刚刚出台的规章，将实现在审查、执法等多个环节有效打击恶意商标申请注册行为。如抢注知名网红名字类似案件，对于尚未注册的商标，商标注册部门在审查过程中根据舆情、举报线索等发现相关申请属于商标法第四条规定的不以使用为目的的恶意商标注册申请的，应当依法驳回，不予公告；在初步审定公告期间被提出异议的，商标注册部门经审查认为异议理由成立，应当依法作出不予注册决定。对于已注册的商标，相关权利人可以依法提出宣告该注册商标无效的申请，经审查无效宣告理由成立的，商标注册部门应当依法作出宣告注册商标无效的裁定；该注册商标没有正当理由连续三年不使用的，任何单位或者个人可以向商标注册部门申请撤销该注册商标。对于上述决定或裁定结果不服的，可以依法提起复审、诉讼等程序。

此外，申请人所在地或者违法行为发生地县级以上市场监督管理部门还可以根据情节给予警告、罚款等行政处罚。有违法所得的，可以处违法所得三倍最高不超过三万元的罚款；没有违法所得的，可以处一万元以下的罚款。下一步，商标注册部门还将发布近年来处理的商标恶意申请典型案例，以体现立法效果和威慑力。

问题六：商标注册部门在实践中将如何审查商标注册申请是否属于不以使用为目的的恶意申请商标注册？

答：审查实践中，如果商标注册部门发现商标注册申请的申请人存在无正当理由大量申请商标注册、交易商标、占用公共资源，及多次在非类似商品或服务上抢注他人商标等情形，则会继续审查该申请是否属于不以使用为目的的恶意申请商标注册。具体来说，在认定是否构成恶意申请时，审查员需要综合多项考虑因素和个案证据进行分析判断，如利用商标审查系统中查询申请人的申请历史、转让情况等相关事项，筛查驰名商标、知名地名等禁注词；通过营业执照、企业信息公示系统等对所在行业、违法记录等进行查询。此外，依据商标法第二十九条的规定，在审查过程中，审查员认为申请人涉嫌恶意申请或者囤积注册的，可以要求其作出相关说明。

问题七：规章规制了商标代理机构的行为，如果代理机构明知委托人存在恶意申请行为仍然接受其委托办理申请，将如何处理？

答：根据商标法和规章的规定，对于上述行为，如果查证属实，将由行为人所在地或者违法行为发生地县级以上市场监督管理部门责令限期改正，给予警告，处一万元以上十万元以下的罚款；对直接负责的主管人员和其他直接责任人员给予警告，处五千元以上五万元以下的罚款；构成犯罪的，依法追究刑事责任。情节严重的，知识产权管理部门可以决定停止受理该商标代理机构办理商标代理业务，予以公告。

此外，还可以适用其他处理措施，包括将处罚信息纳入国家企业信用信息公示系统向社会公示；对代理机构负责人进行整改约谈；由商标代理行业组织依法采取行业自律措施等。

问题八：针对恶意商标注册申请的行为人，在信用惩戒方面会有哪些具体措施？

答：实践中，对从事违法行为的行为人给予信用惩戒是非常有效的规制手段。在专利领域已经有了很多成功经验，包括2018年11月，国家发改委、人民银行、知识产权局等部门印发了《关于对知识产权（专利）领域严重失信主体开展联合惩戒的合作备忘录》，其中将非正常申请专利的行为认定为严重失信行为之一。为此，国家知识产权局正在研究制定《专利领域严重失信联合惩戒对象名单管理办法》，对落实备忘录的操作问题进行细化。国家市场监管总局正在制定中的《严重违法失信名单管理办法》也在研究考虑将非正常申请专利的行为作为列入严重违法失信名单的情形之一。下一步，将仿照专利领域的做法，将恶意申请商标注册的行为纳入联合惩戒的范围在相关规章和文件中予以明确。

问题九：相关部门在提升便利化服务水平，健全内部监督方面有哪些举措？

答：知识产权管理部门、市场监督管理部门将积极引导申请人依法申请商标注册、商标代理机构依法从事商标代理业务，规范生产经营活动中使用注册商标的行为。知识产权管理部门将进一步畅通商标申请渠道、优化商标注册流程，提升商标公共服务水平，为申请人直接申请注册商标提供便利化服务。

在内部监督方面，将健全相关制度，对从事商标注册管理工作的国家机关工作人员执行法律、行政法规和遵守纪律的情况加强监督检查。对从事商标注册工作的国家机关工作人员玩忽职守、滥用职权、徇私舞弊，违法办理商标注册事项，收受当事人财物，牟取不正当利益的，依法给予处分；构成犯罪的，依法追究刑事责任。

问题十：请问近年来国家知识产权局采取了哪些措施规制恶意商标申请注册行为？下一步将如何加强？

答：国家知识产权局一直高度重视商标恶意注册问题，依法对商标恶意抢注进行规制，尤其是近年来将打击恶意注册关口前移，在商标注册审查和审理阶段采取有效措施，在一定程度上遏制了商标恶意抢注行为，这些措施包括：一是通过梳理典型案例，明确需要规制的包括大量摹仿、抢注他人驰名商标等在内的恶意注册行为。二是在审查系统中增加提示功能，对涉嫌恶意注册的申请要求审查员综合考量相关信息，严格审查。三是采取提前审查和并案集中审查等措施，从严适用法律，坚决遏制商标恶意抢注行为。四是加强对恶意商标申请的监测，一经发现及时处理。五是向社会公布典型案例，约谈代理机构，加强警示规范和正面引导，有效维护了正常的商标注册秩序。2018 年，在审查和异议环节累计驳回非正常商标申请约 10 万件，2019 年第二季度共驳回恶意申请 2. 4 万件，约占同期驳回量的 4. 2% 。

商标法的最新修改和这次规章的出台，为严厉打击恶意申请注册行为提供了更加明确和直接的法律依据，有利于进一步加大打击恶意商标注册行为的力度。下一步，商标注册部门将尽快制定具体规程，对商标法第四条规定的不以使用为目的恶意申请商标注册行为进行细化，并发布近年来处理的商标恶意申请典型案例，以体现立法效果和威慑力。同时，国家知识产权局将继续推进商标法新一轮全面修改准备工作，通过对商标法实施情况进行评估、对社会关注热点问题开展专题论证等方式，广泛听取意见建议，继续加大商标恶意申请打击力度，加强商标专用权保护，发挥商标促进经济发展作用。我们相信，随着这些新规定的实施，商标注册管理秩序必将进一步规范，营造更好的市场竞争环境。

交通运输部

关于印发《汽车客运站安全生产规范》的通知

2019年9月20日　　交运规〔2019〕13号

各省、自治区、直辖市、新疆生产建设兵团交通运输厅（局、委）：

为进一步贯彻落实《中华人民共和国安全生产法》《中华人民共和国道路运输条例》等有关法律、行政法规要求，落实汽车客运站安全生产主体责任，有效预防和减少因汽车客运站源头管理不到位引发的生产安全事故，现将修订后的《汽车客运站安全生产规范》印发给你们，请遵照执行。

汽车客运站安全生产规范

第一章　总　　则

第一条　为规范汽车客运站安全生产管理工作，落实汽车客运站安全生产主体责任，根据《中华人民共和国安全生产法》《中华人民共和国突发事件应对法》《中华人民共和国道路运输条例》及有关法律、行政法规和规章，制定本规范。

第二条　本规范适用于所有等级汽车客运站（以下简称汽车客运站）的安全生产管理工作。

第三条　汽车客运站经营者应当坚持安全第一、预防为主、综合治理的安全生产方针，贯彻执行国家有关安全生产的法律、行政法规、规章、政策和标准，建立健全安全生产责任制、安全生产管理制度、业务操作规程和应急预案，并组织实施。

第四条 汽车客运站经营者应当接受交通运输等相关部门对其安全生产工作依法实施的监督管理。

第五条 汽车客运站安全生产管理的总体目标是把住汽车客运站安全生产源头关，有效预防和减少因汽车客运站源头管理不到位引发的生产安全事故。

第二章 安全生产管理职责

第六条 汽车客运站应当实行全员安全生产责任制度，落实“一岗双责”。汽车客运站的主要负责人（包括法定代表人、实际控制人，下同）为安全生产的第一责任人，全面负责汽车客运站的安全生产工作；分管安全生产的负责人协助主要负责人履行安全生产职责，对安全生产工作负组织实施和综合管理及监督的责任；其他负责人对各自职责范围内的安全生产工作负直接管理责任。

第七条 汽车客运站经营者应当不断完善安全生产管理体系，健全安全生产管理机构，保障安全生产投入，落实各部门的安全生产管理职责，规范各岗位的工作程序。

第八条 汽车客运站经营者应当对进出汽车客运站的人员和行李物品、车辆进行严格检查，确保“三不进站”和“六不出站”。

“三不进站”是指：危险品不进站、无关人员不进站（发车区）、无关车辆不进站。

“六不出站”是指：超载营运客车不出站、安全例行检查不合格营运客车不出站、旅客未系安全带不出站、驾驶员资格不符合要求不出站、营运客车证件不齐全不出站、“出站登记表”未经审核签字不出站。

第九条 汽车客运站经营者应当与进入该站的营运客车所属道路旅客运输经营者、在站内从事其他经营活动的经营者签订安全责任协议，依法明确双方的安全责任。

第十条 发生生产安全事故后，汽车客运站经营者应当按照《生产安全事故报告和调查处理条例》等有关规定，及时报告相关部门；应当及时对汽车客运站运营和安全生产管理等情况进行倒查，并对有关责任人进行处理。

第十一条 汽车客运站经营者应当配合相关部门组织开展安全宣传、安全检查、事故处理、责任追究等工作，对相关部门提出的防范和整改措施，应当严格落实。

第十二条 汽车客运站的主要负责人对本单位安全生产工作负有下列职责：

（一）严格执行安全生产的法律、行政法规、规章、政策和标准，组织落实管理部门的工作部署和要求；

（二）建立健全本单位安全生产责任制，组织制定本单位安全生产规章制度和操作规程；

（三）依法设置安全生产管理机构或者配备专职安全生产管理人员，确定分管安全生产的负责人；

（四）保证本单位安全生产投入的有效实施；

（五）督促、检查本单位安全生产工作，及时消除生产安全事故隐患；

（六）组织制定并实施本单位安全生产教育培训计划；

（七）组织制定并实施本单位的突发事件应急预案，开展应急演练；

（八）定期组织分析本单位安全生产形势，研究解决重大安全问题；及时采纳安全生产管理机构和安全生产管理人员提出的预防措施和改进建议，并及时组织落实和整改；

（九）及时、如实报告生产安全事故，落实生产安全事故处理的有关工作。

第十三条 汽车客运站的安全生产管理机构及安全生产管理人员（包括分管安全生产的负责人、专职安全生产管理人员，下同）对本单位安全生产工作负有下列职责：

（一）严格执行安全生产的法律、行政法规、规章、政策和标准，参与本单位安全生产决策；

（二）拟订本单位安全生产管理制度、操作规程和应急预案，明确各部门、各岗位的安全生产职责，督促贯彻执行；

（三）组织或者参与本单位安全生产宣传、教育和培训，并如实记录；

（四）拟订本单位安全生产投入计划，组织实施或者监督相关部门实施；

（五）组织或者参与本单位应急救援演练；

（六）检查本单位的安全生产状况，及时排查生产安全事故隐患，提出改进安全生产管理的建议；

（七）制止和纠正违章指挥、强令冒险作业、违反操作规程的行为；

（八）督促落实本单位安全生产整改措施；

（九）及时、如实向主要负责人报告本单位生产安全事故；组织或者参与本单位生产安全事故的调查处理，承担生产安全事故统计和分析工作；

（十）其他安全生产管理工作。

第三章　安全生产基础保障

第十四条　汽车客运站应当依法设置安全生产管理机构或者配备专职安全生产管理人员，并保持专职安全生产管理人员的相对稳定。

第十五条　汽车客运站主要负责人和安全生产管理人员应当具备与本单位所从事的生产经营活动相应的安全生产知识和管理能力。

汽车客运站主要负责人和安全生产管理人员应当经交通运输主管部门对其安全生产知识和管理能力考核合格，具体按照《道路运输企业主要负责人和安全生产管理人员安全考核管理办法》执行。

第十六条　汽车客运站经营者应当制定安全生产业务操作规程，对从业人员有关安全生产的活动予以规范。

第十七条　汽车客运站经营者应当制定对所属从业人员特别是安全生产管理人员年度及长期的继续教育培训计划，明确培训内容和年度培训时间，确保相关人员具备必要的安全生产知识和管理能力。

汽车客运站主要负责人和安全生产管理人员初次安全生产教育培训时间不少于 24 学时，每年再培训时间不少于 12 学时。

汽车客运站接收实习学生的，应当将实习学生纳入本单位从业人员统一进行安全生产教育培训。汽车客运站采用新技术、新设备，应当对从业人员进行专门的安全生产教育培训。

汽车客运站经营者可自主开展从业人员的安全生产教育培训，也可委托对外开展安全生产教育培训业务的机构或者其他汽车客运站开展。安全生产教育培训应当有记录并建档保存，保存期限不少于 36 个月。

第十八条　汽车客运站经营者应当每季度至少召开一次安全生产工作会议，研究解决安全生产中的重大问题，安排部署阶段性安全生产工作；每月至少召开一次安全生产例会，通报和布置落实各项安全生产工作，分析查找安全生产管理制度的缺陷和安全生产管理的薄弱环节。安全生产工作会议可与安全生产例会一并召开。

发生重、特大道路客运生产安全事故、本单位发生站内人员伤亡事故或者在本单位发出的营运客车发生生产安全事故后，汽车客运站经营者应当及时召开安全生产工作会议或者安全生产例会进行分析通报，并提出针对性的事故预防措施。

安全生产工作会议和安全生产例会应当有会议记录并建档保存，保存期限不少于36个月。

第十九条 汽车客运站经营者应当将安全生产管理指标进行细化和分解，制定阶段性的安全生产控制指标，并根据安全生产责任进行考核和奖惩，定期公布考核和奖惩情况。

第二十条 汽车客运站经营者应当建立和完善安全生产管理登记台账和档案，妥善保管备查。

第二十一条 汽车客运站经营者应当保障安全生产所必需的资金投入，可参照国务院财政、应急管理部门制定的《企业安全生产费用提取和使用管理办法》提取和使用安全生产费用。

第二十二条 汽车客运站经营者应当积极采用新技术、新设备，推行现代化科学管理方法，不断改善安全生产条件。

第二十三条 汽车客运站经营者应当为客运驾驶员和乘务员提供必要的服务设施和临时休息场所。

第二十四条 汽车客运站经营者应当按国家有关规定配备消防设施、器材，并确保齐全有效。

第二十五条 汽车客运站经营者应当制定有关自然灾害、客运量突增、公共卫生、生产安全事故应急救援以及其他突发事件的应急预案，每年至少开展一次综合或者专项应急演练。

应急预案应当包括报告程序、应急指挥、通信联络、应急设备的储备以及处置措施等内容，并根据需要及时修订。

第四章 安全生产管理制度

第二十六条 汽车客运站经营者应当建立危险品查堵制度，采取以下措施防止易燃、易爆和易腐蚀等危险品进站上车：

（一）制定危险品检查工作程序，规范危险品查堵工作。

（二）设立专门的危险品查堵岗位。在进站口等关键环节对进站旅客携带的行李物品和托运行包进行安全检查，对查获的危险品应当进行登记并妥善保管或者按规定处理。

（三）配备必要的检查设备。一级、二级汽车客运站应当配置行包安全检查设备；三级及以下汽车客运站应当积极创造条件配置行包安全检查设备，提高危险品查堵效率和质量。

危险品查堵岗位工作人员上岗前，应当参加常见危险品识别与处置、安全检查设备使用等相关知识和技能的培训，并经汽车客运站经营者考核合格；在岗期间，应当严格遵守岗位工作要求，不得开展与工作无关的活动。

汽车客运站经营者受理客运班车行李舱载货运输业务的，托运物品登记和安全检查要求应当按照《客运班车行李舱载货运输规范》（JT/T 1135）有关规定执行。

第二十七条 汽车客运站经营者应当建立营运客车安全例行检查制度，按照《营运客车安全例行检查技术规范》（见附件1）的要求，对本单位始发的营运客车进行安全例行检查，并采取以下措施防止未检的营运客车（因车辆结构原因需拆卸检查的除外）出站运行：

（一）指定专门的安全例行检查人员（以下简称安全例检人员）。安全例检人员应当熟悉营运客车结构、检查方法和相关技术标准，并经汽车客运站考核合格；

（二）设置专门的检查场地，配备必要的设施设备（详见附件1）；

（三）严格填写《营运客车安全例行检查报告单》（式样见附件2）。安全例检人员应当在完成安全例行检查后，填写《营运客车安全例行检查报告单》，对经检查合格的营运客车签发“营运客车安全例行检查合格通知单”（式样见附件3），加盖汽车客运站安全例行检查印章。

“营运客车安全例行检查合格通知单”24 小时内有效。单程运营里程在800 公里（含）以上的客运班车和往返运营时间在24 小时（含）以上的客运班车，实行每个单程检查一次。

汽车客运站经营者应当建立健全安全例行检查台账并妥善保存，保存期限不少于3 个月。

第二十八条 汽车客运站经营者在调度营运客车发班时，应当对营运客车机动车行驶证、道路运输证、客运标志牌、“营运客车安全例行检查合格通知单”和驾驶员机动车驾驶证、从业资格证等单证进行检查，确认完备有效后方可准予报班。

汽车客运站经营者应当建立健全营运客车报班记录并妥善保存，保存期限不少于3个月。

第二十九条 汽车客运站经营者应当建立出站检查制度，配备出站检查工作人员，对出站营运客车和驾驶员的相关情况进行检查，严禁不符合条件的营运客车和驾驶员出站运营。出站检查主要包括以下内容：

（一）检查出站营运客车报班手续是否完备，确保营运客车出站前机动车行驶证、道路运输证、客运标志牌、“营运客车安全例行检查合格通知单”等单证经客运站查验合格；

（二）核验每一名当班驾驶员持有的从业资格证、机动车驾驶证，确保受检驾驶员与报班的驾驶员一致；

（三）清点营运客车载客人数，确保营运客车不超载出站。如发现营运客车有超载行为，应当立即制止，并采取相应措施安排旅客改乘；

（四）检查旅客安全带系扣情况，确保营运客车出站时所有旅客系好安全带。

鼓励汽车客运站经营者在报班、出站环节运用信息化手段开展营运客车、驾驶员有关单证一致性查验，提升查验效率。

经出站检查符合要求的营运客车和驾驶员，汽车客运站出站检查人员应当在“出站登记表”（式样见附件4）上进行记录，并经受检营运客车驾驶员签字确认。“出站登记表”保存期限不少于3个月。

第三十条 营运客车不配合出站检查的，汽车客运站经营者有权拒绝营运客车出站。经劝阻无效，仍滞留现场扰乱秩序的，汽车客运站经营者应当采取相应措施安排旅客改乘并报当地交通运输主管部门；对强行出站的，汽车客运站经营者应当立即报告当地交通运输主管部门处理。对相应营运客车，汽车客运站可在一定期限内禁止其进站发班。

第五章　生产安全事故隐患排查治理与安全生产监督

第三十一条 汽车客运站经营者应当建立生产安全事故隐患排查治理制度，采用综合检查、专业检查等方式，适时组织开展生产安全事故隐患排查工作。重点检查所属工作人员的安全生产业务操作规程和各项安全生产管理制度的贯彻执行情况。

第三十二条 汽车客运站经营者应当对排查出的生产安全事故隐患进行登记和治理，落实整改措施、资金、责任人、完成时限和预案，及时消除生产安全事故隐患。

第三十三条 汽车客运站经营者应当对本单位生产安全事故隐患排查治理情况进行统计，分析事故隐患形成原因、特点及规律，对多发普发的事故隐患应当深入分析，建立事故隐患排查治理长效机制。

第三十四条 汽车客运站经营者应当积极配合交通运输等相关部门依法进行的生产安全事故隐患监督检查，不得拒绝和阻挠。对相关部门通报抄送的安全问题应当及时落实整改。

第三十五条 汽车客运站经营者应当按照有关规定加强安全生产风险管理，适时开展安全生产风险辨识和评估，做好风险管控。

第三十六条 汽车客运站经营者应当适时组织有关专家或者第三方机构对客运站的安全生产管理体系进行评价，根据评价报告，对生产安全事故隐患和存在的问题及时进行整改和处理，并完善安全生产管理措施。

第三十七条 汽车客运站经营者应当建立安全生产社会监督机制，公开举报电话号码、通信地址、电子邮件信箱等，鼓励通过微信、微博、二维码、智能手机应用程序等多种方式畅通举报途径，鼓励建立有奖举报机制，充分发挥本单位从业人员、旅客、新闻媒体及社会各界对汽车客运站安全生产管理的监督作用。汽车客运站经营者对接到的举报和投诉应当及时予以调查和处理。

第六章　附　　则

第三十八条 本规范自2019年11月1日起施行。2008年1月3日原交通部《关于印发汽车客运站安全生产规范的通知》（交公路发〔2008〕2号）和2012年12月24日《交通运输部关于印发汽车客运站营运客车安全例行检查及出站检查工作规范的通知》（交运发〔2012〕762号）同时废止。

本规范有效期5年。

解读——

《汽车客运站安全生产规范》

交通运输部运输服务司副司长　蔡团结

2019年9月20日，交通运输部印发了修订后的《汽车客运站安全生产规范》（交运规〔2019〕13号，以下简称《规范》），于2019年11月1日起施行。交通运输部运输服务司蔡团结副司长就《规范》的修订背景、原则、主要修订内容等进行了解读。

自2008年首次制定印发了《汽车客运站安全生产规范》，并于2012年印发了《汽车客运站营运客车安全例行检查工作规范》《汽车客运站出站检查工作规范》。这3个文件发布以来，实施效果如何？

2008年，为规范汽车客运站安全生产管理，交通运输部印发了《汽车客运站安全生产规范》（交公路发〔2008〕2号），从安全生产管理职责、基础保障、管理制度、监督规则等方面，进行了统一规范要求。2012年，按照《国务院关于加强道路交通安全工作的意见》和部贯彻落实通知要求，交通运输部印发了《汽车客运站营运客车安全例行检查工作规范》《汽车客运站出站检查工作规范》，进一步促进汽车客运站车辆安全例检、出站检查等关键环节安全生产管理的标准化、规范化。3个文件是汽车客运站安全生产管理的基本要求和工作准则，也是汽车客运站保障和监督道路旅客运输班线经营者安全运营的重要依据。应该说，3个文件的颁布实施，汽车客运站的安全生产能力和水平得到了大幅提升，汽车客运站和客运企业分别按照职责、对照有关规范强化安全管理，落实安全生产主体责任，有效促进了道路客运行业安全生产形势明显好转。据我们统计，较大等级以上的道路客运事故起数和死亡人数从2012年的119起、造成693人死亡，分别下降到2018年的25起、125人死亡，降幅分别超过75%。这些数据很直观地反映了近几年道路客运行业安全生产形势的变化，也很好地印证了3个文件的实施效果。

3个文件实施以来，对指导落实汽车客运站安全生产主体责任、规范汽车客运站安全管理发挥了重要作用，也受到了汽车客运站的高度认可。那么，本次修订主要是基于哪些方面考虑?

党中央、国务院历来高度重视安全生产工作,特别是党的十八大以来,将安全工作上升到影响经济社会发展和国家安全的政治新高度,就推进安全生产领域改革发展、防范化解重大安全风险等工作作出系列部署。习近平总书记高度重视安全生产工作,多次对安全生产工作作出重要指示批示,强调安全生产要以人民安全为宗旨,牢固树立安全发展理念,弘扬“生命至上、安全第一”的思想,坚守发展决不能以牺牲人命为代价的红线底线,建立健全安全生产责任体系,认真履行安全生产主体责任,做到安全投入到位、安全培训到位、基础管理到位、应急救援到位,确保安全生产。

道路客运事关人民群众生命财产安全。近年来,各级交通运输主管部门深入贯彻落实党中央、国务院关于安全生产工作的有关决策部署,切实强化道路客运安全生产管理,安全生产形势持续好转,但与民航、铁路等其他客运领域相比,道路客运领域仍然是安全生产事故的高发、易发领域,道路客运安全生产基础仍不牢固。汽车客运站作为客运组织的重要场所和道路客运源头安全管理的重要环节,针对安全生产新形势新要求,前面提到的3个文件也已存在一些不适应的地方,主要包括:

一是安全生产相关法律法规的新规定需要补充进《规范》。2012年以后,安全生产法、《中共中央、国务院关于推进安全生产领域改革发展的意见》等法律法规和行政文件相继发布实施,对道路客运安全管理提出很多新要求,需要客运站认真对照落实。

二是对关键人员和环节安全管理要求需要强化。例如,对汽车客运站主要负责人、安全生产管理人员、危险品岗位工作人员等安全生产相关知识、技能和能力的培训、考核要求,主要负责人、安全生产管理机构及安全生产管理人员职责,以及安全生产隐患排查治理等方面,需要进一步完善。

三是部分规定需要优化调整。部分条款操作性不强,需要进一步修订完善。例如,营运客车安全例检方面,汽车客运站经营者反应项目多、耗时长、部分项目操作性差、与安全生产无直接关联等;出站检查人员配备方面,《汽车客运站出站检查工作规范》按照日发班次数量确定配备人数,对不同等级客运站的针对性不强。

因此,针对上述问题,亟需对《规范》进行修订,进一步提升客运站安全管理科学化、规范化水平,落实好安全生产主体责任。

本次《规范》修订的过程：交通运输部运输服务司于2018年启动了《规范》修订工作，在系统梳理了相关法律法规要求和客运站安全生产管理存在问题的基础上，形成《规范》修订草案，多次专题研究、组织召开座谈会，并赴北京、山东、广东等地开展了实地调研，形成《规范》征求意见稿，于2019年5月至6月书面征求了省级交通运输部门、中国道路运输协会意见，同步向社会公开征求意见，并会同中国道路运输协会组织部分客运站经营者和客运企业研提修改意见。征求意见期间，共收到各方面的有关意见建议79条。我们对意见建议逐条进行了分析评估，在充分吸纳意见建议的基础上，对《规范》进行了修改完善，并开展了合法性/公平竞争审查。2019年9月，《规范》经部务会审议通过，以部行政规范性文件形式印发。

在《规范》修订的总的方向是保证安全生产要求不打折扣以及不增加企业安全生产管理不必要的负担，具体修订过程中我们主要坚持以下三项原则：

一是坚持依法依规。贯彻落实近年来颁布实施的道路运输安全相关法律法规新要求和党中央、国务院关于安全生产工作有关决策部署，使《规范》与现行法律、法规、政策相衔接、相统一。

二是坚持问题导向。针对汽车客运站安全管理存在的问题，进一步完善客运站安全生产责任制、安全生产隐患排查治理、从业人员培训考核、档案台账管理、报班和出站检查、应急演练等关键环节的安全生产管理要求，全面落实客运站安全生产主体责任。

三是立足行业实际。统筹客运站安全生产管理实际，以及与道路客运经营者之间的安全生产职责分工，在守住安全底线的前提下，进一步完善具体要求，适当调整客运站在营运客车安检例检方面的有关要求，提高《规范》的可操作性和实用性。

此次修订，主要聚焦以下四个方面：

（1）完善安全生产管理职责。一是依法明确了客运站安全生产责任制要求，完善了主要负责人、分管安全生产的负责人、其他负责人的安全生产责任，规定汽车客运站应当实行全员安全生产责任制度，落实“一岗双责”。汽车客运站的主要负责人全面负责汽车客运站的安全生产工作，分管安全生产的负责人对安全生产工作负组织实施和综合管理及监督的责任，其他负责人对各自职责范围内的安全生产工作负直接管理责任。二是依法明确了汽车客运站主要负责人、安全生产管理机构及安全管理人员的职责。按照安全生产法第十八条、第二十二条要求，并参照《道路旅客运输企业安全管理规范》有关要求，分别明确了汽车客运站主要负责人的9条职责，以及安全生产管理机构及安全管理人员的10条职责。三是将“五不出站”要求调整为“六不出站”，即增加“旅客未系安全带不出站”。

（2）强化安全生产基础保障。一是明确客运站应当依法设置安全生产管理机构或者配备专职安全生产管理人员，主要负责人和安全生产管理人员考核工作按照《道路运输企业主要负责人和安全生产管理人员安全考核管理办法》执行。二是落实安全生产法关于加强安全生产投入的要求，引导客运站可参照《企业安全生产费用提取和使用管理办法》提取和使用安全生产费用，不再规定汽车客运站安全生产费用的提取比例。三是按照安全生产法的要求，明确从业人员安全教育培训、安全生产会议、应急演练等方面的具体要求，细化完善安全教育培训实施主体、安全生产会议内容、应急预案内容及演练等要求。

（3）健全安全生产管理制度。一是危险品查堵方面，为适应安全防范新形势，明确一级、二级客运站应当配备行包安全检查设备，危险品查堵人员应经岗前培训并考核合格，托运物品登记和安检应执行《客运班车行李舱载货运输规范》（JT/T 1135）等。二是营运客车安全例行检查管理方面，组织专家对安全例检项目进行逐项论证，坚持“营运客车安全例检与营运客车的日常维护、一级维护和二级维护为非替代关系”的原则，在守住安全底线的前提下，删除了悬架系统、摄像头2个大项，以及发动机、水箱、空气压缩机传动带，轮胎规格和花纹等4个小项；强化了车载灭火器检查要求；同时优化了安全例检报告单式样，便于安全例检人员签注。三是报班、出站管理方面，完善报班时对客车和驾驶员有关单证的查验要求，鼓励汽车客运站经营者运用信息化手段开展营运客车、驾驶员有关单证一致性查验，提升查验效率。

（4）补充安全隐患排查治理要求。依据安全生产法及《公路水路行业安全生产事故隐患治理暂行办法》等有关要求，增加了客运站安全生产隐患排查治理制度建设、隐患登记和整改、统计分析和风险管控等方面的要求。此外，强化汽车客运站经营者接受安全生产社会监督的要求。

为贯彻落实好新修订的《规范》，将会采取的具体措施：

一分部署，九分落实。我们将从以下几个方面抓好《规范》的贯彻实施。

一是抓好《规范》宣贯培训。充分利用部网站、部微信公众号、部办培训班等渠道，做好《规范》宣传解读，指导技术支持单位广泛开展宣贯培训，帮助各地充实师资队伍、壮大一线培训力量，层层抓好抓实培训，确保相关人员熟悉《规范》，全面正确理解《规范》的精神、内涵和具体要求。

二是加强督导检查。我们将结合安全生产综合督查、重点时段重大活动期间安全检查等，就《规范》落实情况开展督导检查，督促客运站对照《规范》的内容和要求，逐条逐款进行落实和整改，确保《规范》落地实施。

三是做好跟踪评估。《规范》实施一定时期后，我们将按照有关规定组织开展《规范》实施情况评估，总结各地执行中的典型做法、主要成效和存在的突出问题，以适当方式通报各地，激励先进、督促后进，促进提升客运站安全管理整体水平。

代表性问题一："我是一名一级客运站负责人，我们安装的站务系统和设备，完成报班后，报班记录将录入系统，出站检查人员仅需要输入车牌号码即可查询车辆基础信息和报班手续，那么在出站检查环节，是否还需要对营运客车所有单证再查验一遍?"

《规范》第二十九条规定，出站检查人员应当检查出站营运客车报班手续是否完备，确保营运客车出站前营运客车有关单证经过客运站查验且合格。同时明确，鼓励汽车客运站经营者在报班、出站环节运用信息化手段开展营运客车、驾驶员有关单证一致性查验，提升查验效率。据此，按照上述描述，客运站通过站务系统实现报班手续信息化记录和查询，出站检查人员可不再重复查验营运客车的单证，仅需确认出站车辆号牌信息与站务系统记录一致即可。

代表性问题二："《规范》第二十六条规定，汽车客运站经营者受理客运班车行李舱载货运输业务的，托运物品登记和安全检查要求应当按照《客运班车行李舱载货运输规范》有关规定执行，具体要求有哪些?"

交通运输部于2017年发布实施了行业标准《客运班车行李舱载货运输规范》(JT/T 1135—2017)。该标准就受理人开展托运物品登记和安全检查作出了相关规定，主要是：受理人对法令禁止运送、可能危及运输安全和托运人拒绝安全检查的托运物品应不予受理，应在营业场所显著位置公示禁止托运物品的种类；应对托运人有效身份信息进行登记，指导托运人填写运单相关信息；应根据运单核对托运物品名称、数量、包装方式等，并使用安检仪对托运物品进行安全检查或人工对托运物品进行开封验视；托运物品安检合格后，应与托运人确认运单。

国务院办公厅

转发《住房城乡建设部关于完善质量保障体系提升建筑工程品质指导意见》的通知

2019年9月15日　　　　国办函〔2019〕92号

各省、自治区、直辖市人民政府，国务院有关部门：

住房城乡建设部《关于完善质量保障体系提升建筑工程品质的指导意见》已经国务院同意，现转发给你们，请认真贯彻落实。

住房城乡建设部

关于完善质量保障体系提升建筑工程品质的指导意见

建筑工程质量事关人民群众生命财产安全，事关城市未来和传承，事关新型城镇化发展水平。近年来，我国不断加强建筑工程质量管理，品质总体水平稳步提升，但建筑工程量大面广，各种质量问题依然时有发生。为解决建筑工程质量管理面临的突出问题，进一步完善质量保障体系，不断提升建筑工程品质，现提出以下意见。

一、总体要求

以习近平新时代中国特色社会主义思想为指导，全面贯彻党的十九大和十九届二中、三中全会以及中央城镇化工作会议、中央城市工作会议精神，按照党中央、国务院决策部署，坚持以人民为中心，牢固树立新发展理念，以供给侧结构性改革为主线，以建筑工程质量问题为切入点，着力破除体制机制障碍，逐步完善质量保障体系，不断提高工程质量抽查符合率和群众满意度，进一步提升建筑工程品质总体水平。

二、强化各方责任

（一）突出建设单位首要责任。建设单位应加强对工程建设全过程的质量管理，严格履行法定程序和质量责任，不得违法违规发包工程。建设单位应切实落实项目法人责任制，保证合理工期和造价。建立工程质量信息公示制度，建设单位应主动公开工程竣工验收等信息，接受社会监督。（住房城乡建设部、发展改革委负责）

（二）落实施工单位主体责任。施工单位应完善质量管理体系，建立岗位责任制度，设置质量管理机构，配备专职质量负责人，加强全面质量管理。推行工程质量安全手册制度，推进工程质量管理标准化，将质量管理要求落实到每个项目和员工。建立质量责任标识制度，对关键工序、关键部位隐蔽工程实施举牌验收，加强施工记录和验收资料管理，实现质量责任可追溯。施工单位对建筑工程的施工质量负责，不得转包、违法分包工程。（住房城乡建设部负责）

（三）明确房屋使用安全主体责任。房屋所有权人应承担房屋使用安全主体责任。房屋所有权人和使用人应正确使用和维护房屋，严禁擅自变动房屋建筑主体和承重结构。加强房屋使用安全管理，房屋所有权人及其委托的管理服务单位要定期对房屋安全进行检查，有效履行房屋维修保养义务，切实保证房屋使用安全。（住房城乡建设部负责）

（四）履行政府的工程质量监管责任。强化政府对工程建设全过程的质量监管，鼓励采取政府购买服务的方式，委托具备条件的社会力量进行工程质量监督检查和抽测，探索工程监理企业参与监管模式，健全省、市、县监管体系。完善日常检查和抽查抽测相结合的质量监督检查制度，全面推行“双随机、一公开”检查方式和“互联网+监管”模式，落实监管责任。加强工程质量监督队伍建设，监督机构履行监督职能所需经费由同级财政预算全额保障。强化工程设计安全监管，加强对结构计算书的复核，提高设计结构整体安全、消防安全等水平。（住房城乡建设部、发展改革委、财政部、应急部负责）

三、完善管理体制

（一）改革工程建设组织模式。推行工程总承包，落实工程总承包单位在工程质量安全、进度控制、成本管理等方面的责任。完善专业分包制度，大力发展专业承包企业。积极发展全过程工程咨询和专业化服务，创新工程监理制度，严格落实工程咨询（投资）、勘察设计、监理、造价等领域职业资格人员的质量责任。在民用建筑工程中推进建筑师负责制，依据双方合同约定，赋予建筑师代表建设单位签发指令和认可工程的权利，明确建筑师应承担的责任。（住房城乡建设部、发展改革委负责）

（二）完善招标投标制度。完善招标人决策机制，进一步落实招标人自主权，在评标定标环节探索建立能够更好满足项目需求的制度机制。简化招标投标程序，推行电子招标投标和异地远程评标，严格评标专家管理。强化招标主体责任追溯，扩大信用信息在招标投标环节的规范应用。严厉打击围标、串标和虚假招标等违法行为，强化标后合同履约监管。（发展改革委、住房城乡建设部、市场监管总局负责）

（三）推行工程担保与保险。推行银行保函制度，在有条件的地区推行工程担保公司保函和工程保证保险。招标人要求中标人提供履约担保的，招标人应当同时向中标人提供工程款支付担保。对采用最低价中标的探索实行高保额履约担保。组织开展工程质量保险试点，加快发展工程质量保险。（住房城乡建设部、发展改革委、财政部、人民银行、银保监会负责）

（四）加强工程设计建造管理。贯彻落实“适用、经济、绿色、美观”的建筑方针，指导制定符合城市地域特征的建筑设计导则。建立建筑“前策划、后评估”制度，完善建筑设计方案审查论证机制，提高建筑设计方案决策水平。加强住区设计管理，科学设计单体住宅户型，增强安全性、实用性、宜居性，提升住区环境质量。严禁政府投资项目超标准建设。严格控制超高层建筑建设，严格执行超限高层建筑工程抗震设防审批制度，加强超限高层建筑抗震、消防、节能等管理。创建建筑品质示范工程，加大对优秀企业、项目和个人的表彰力度；在招标投标、金融等方面加大对优秀企业的政策支持力度，鼓励将企业质量情况纳入招标投标评审因素。（住房城乡建设部、发展改革委、工业和信息化部、人力资源社会保障部、应急部、人民银行负责）

（五）推行绿色建造方式。完善绿色建材产品标准和认证评价体系，进一步提高建筑产品节能标准，建立产品发布制度。大力发展装配式建筑，推进绿色施工，通过先进技术和科学管理，降低施工过程对环境的不利影响。建立健全绿色建筑标准体系，完善绿色建筑评价标识制度。（住房城乡建设部、发展

改革委、工业和信息化部、市场监管总局负责）

（六）支持既有建筑合理保留利用。推动开展老城区、老工业区保护更新，引导既有建筑改建设计创新。依法保护和合理利用文物建筑。建立建筑拆除管理制度，不得随意拆除符合规划标准、在合理使用寿命内的公共建筑。开展公共建筑、工业建筑的更新改造利用试点示范。制定支持既有建筑保留和更新利用的消防、节能等相关配套政策。（住房城乡建设部、发展改革委、工业和信息化部、应急部、文物局负责）

四、健全支撑体系

（一）完善工程建设标准体系。系统制定全文强制性工程建设规范，精简整合政府推荐性标准，培育发展团体和企业标准，加快适应国际标准通行规则。组织开展重点领域国内外标准比对，提升标准水平。加强工程建设标准国际交流合作，推动一批中国标准向国际标准转化和推广应用。（住房城乡建设部、市场监管总局、商务部负责）

（二）加强建材质量管理。建立健全缺陷建材产品响应处理、信息共享和部门协同处理机制，落实建材生产单位和供应单位终身责任，规范建材市场秩序。强化预拌混凝土生产、运输、使用环节的质量管理。鼓励企业建立装配式建筑部品部件生产和施工安装全过程质量控制体系，对装配式建筑部品部件实行驻厂监造制度。建立从生产到使用全过程的建材质量追溯机制，并将相关信息向社会公示。（市场监管总局、住房城乡建设部、工业和信息化部负责）

（三）提升科技创新能力。加大建筑业技术创新及研发投入，推进产学研用一体化，突破重点领域、关键共性技术开发应用。加大重大装备和数字化、智能化工程建设装备研发力度，全面提升工程装备技术水平。推进建筑信息模型（BIM）、大数据、移动互联网、云计算、物联网、人工智能等技术在设计、施工、运营维护全过程的集成应用，推广工程建设数字化成果交付与应用，提升建筑业信息化水平。（科技部、工业和信息化部、住房城乡建设部负责）

（四）强化从业人员管理。加强建筑业从业人员职业教育，大力开展建筑工人职业技能培训，鼓励建立职业培训实训基地。加强职业技能鉴定站点建设，完善技能鉴定、职业技能等级认定等多元评价体系。推行建筑工人实名制管理，加快全国建筑工人管理服务信息平台建设，促进企业使用符合岗位要求的技能工人。建立健全与建筑业相适应的社会保险参保缴费方式，大力推进建

筑施工单位参加工伤保险，保障建筑工人合法权益。（住房城乡建设部、人力资源社会保障部、财政部负责）

五、加强监督管理

（一）推进信用信息平台建设。完善全国建筑市场监管公共服务平台，加强信息归集，健全违法违规行为记录制度，及时公示相关市场主体的行政许可、行政处罚、抽查检查结果等信息，并与国家企业信用信息公示系统、全国信用信息共享平台等实现数据共享交换。建立建筑市场主体黑名单制度，对违法违规的市场主体实施联合惩戒，将工程质量违法违规等记录作为企业信用评价的重要内容。（住房城乡建设部、发展改革委、人民银行、市场监管总局负责）

（二）严格监管执法。加大建筑工程质量责任追究力度，强化工程质量终身责任落实，对违反有关规定、造成工程质量事故和严重质量问题的单位和个人依法严肃查处曝光，加大资质资格、从业限制等方面处罚力度。强化个人执业资格管理，对存在证书挂靠等违法违规行为的注册执业人员，依法给予暂扣、吊销资格证书直至终身禁止执业的处罚。（住房城乡建设部负责）

（三）加强社会监督。相关行业协会应完善行业约束与惩戒机制，加强行业自律。建立建筑工程责任主体和责任人公示制度。企业须公开建筑工程项目质量信息，接受社会监督。探索建立建筑工程质量社会监督机制，支持社会公众参与监督、合理表达质量诉求。各地应完善建筑工程质量投诉和纠纷协调处理机制，明确工程质量投诉处理主体、受理范围、处理流程和办结时限等事项，定期向社会通报建筑工程质量投诉处理情况。（住房城乡建设部、发展改革委、市场监管总局负责）

（四）强化督促指导。建立健全建筑工程质量管理、品质提升评价指标体系，科学评价各地执行工程质量法律法规和强制性标准、落实质量责任制度、质量保障体系建设、质量监督队伍建设、建筑质量发展、公众满意程度等方面状况，督促指导各地切实落实建筑工程质量管理各项工作措施。（住房城乡建设部负责）

六、抓好组织实施

各地区、各相关部门要高度重视完善质量保障体系、提升建筑工程品质工作，健全工作机制，细化工作措施，突出重点任务，确保各项工作部署落到实处。强化示范引领，鼓励有条件的地区积极开展试点，形成可复制、可推广的经验。加强舆论宣传引导，积极宣传各地的好经验、好做法，营造良好的社会氛围。

用高质量铸就中国建造品牌

——《关于完善质量保障体系提升建筑工程品质的指导意见》解读

2019年9月15日，国务院办公厅转发了住房和城乡建设部《关于完善质量保障体系提升建筑工程品质的指导意见》（以下简称《意见》）。《意见》明确了进一步完善质量保障体系的总体要求和重点任务，是当前和今后一个时期指导建筑工程质量管理，提升建筑工程品质的纲领性文件。住房和城乡建设部相关负责人对《意见》内容进行了解读。

问：《意见》出台的背景是什么？

答：建筑工程质量事关人民群众生命财产安全，事关城市未来和传承，事关新型城镇化发展水平。党中央、国务院高度重视建筑工程质量。2019年新年前夕，习近平总书记在新年贺词中指出，中国制造、中国创造、中国建造共同发力，继续改变着中国的面貌。

改革开放以来，我国经历了世界上规模最大、速度最快的城镇化进程，常住人口城镇化率由1978年的17.9%提高到2018年的59.58%，城镇居民人均住房建筑面积从1978年的6.7平方米增加到2018年的39平方米。建筑工程质量管理体系不断完善，确立了施工图审查、质量监督、竣工验收备案等20余项制度。建筑工程质量水平不断提升，以上海中心、北京大兴国际机场等为代表的一大批重点工程高质量建成并投入使用，“高、深、大、难”工程质量技术水平已位居世界前列，住宅功能不断完善品质不断提升，新建建筑工程质量事故基本杜绝，为国民经济持续健康发展、提升城乡建设水平、人民安居乐业、社会和谐稳定作出了重要贡献。

但是，应该清醒看到，我国工程质量发展不平衡不充分的矛盾依然存在，渗漏、裂缝等住宅质量常见问题仍较普遍，建筑工程品质整体上还不高，现有的质量保障体系还存在一些亟待完善的地方，主要表现在：一是质量责任体系不完善。以建设单位为首的工程建设各方主体责任落实不到位。二是建筑市场体制机制不健全。招标投标制度不完善，工程担保和保险等市场机制发挥作用不够，尚未形成以质量安全为核心的体制机制。三是工程建设生产方式落后。建造方式粗放、工序环节多，建材质量参差不齐，科技研发投入不足，机械化、标准化、精细化程度不高。四是建筑工人职业化、专业化、技能化不高。建筑业劳务用工制度不完善，缺乏系统的技能培训和鉴定，老龄化问题日益严重，职业能力得不到保障。五是监管机制创新不足。工程建设标准体系不完善，"双随机、一公开"检查方式和"互联网+监管"模式应用不足，部分监督机构经费和人员保障不到位，执法"宽松软"问题依然存在，监管效能不高。

当前，中国特色社会主义进入新时代，我国经济已由高速增长阶段转向高质量发展阶段。为深入贯彻落实党中央、国务院决策部署，进一步提升建筑工程品质，住房和城乡建设部会同19个部门，在深入调查研究、充分沟通协调、认真总结经验的基础上，坚持问题导向，坚持改革创新，坚持协同推进，研究起草了《意见》。2019年9月15日，国务院办公厅正式转发了《意见》，要求地方及国务院有关部门认真贯彻落实。

问：《意见》的出台将产生哪些积极影响？

答：《意见》围绕破除建筑工程质量管理体制机制障碍，对质量保障体系进行系统谋划，将有力提升我国建筑工程品质总体水平，为城乡建设高质量发展提供重要支撑。

一是有利于促进建筑业转型升级和高质量发展。建筑业是我国国民经济的重要支柱产业，也是推动高质量发展的主战场。2018年我国建筑业总产值达到23.5万亿元，增加值达到6.18万亿元，占GDP的6.87%。《意见》对标对表高质量发展要求，以供给侧结构性改革为主线，着力构建以质量为核心的建筑管理体制机制，将有效引导资源要素向高质量供给端集聚，塑造中国建造品牌，推动建筑业发展质量变革、效率变革、动力变革。

二是有利于推动城乡建设绿色发展。城乡建设是全面推动绿色发展的主要载体。《意见》坚持以新发展理念为指引，大力推进工程建设生产组织方式变革，推行绿色建造方式，发展装配式建筑，推广适用于绿色发展的新技术、新材料、新标准，建立与之相适应的建设和监管机制，将在提高效率、提升品质的同时，最大限度节约资源、保护环境，实现城乡建设绿色发展。

三是有利于满足人民群众对高品质建筑的需求。建筑工程质量事关老百姓最关心最直接最根本的利益，事关人们对美好生活的向往。随着经济社会的进步，老百姓对住房的需求日益提高，不再满足于有房住，更是要求住好房。《意见》坚持以人民为中心，把人民群众对高品质建筑的需求作为根本出发点和落脚点，推动质量信息公开，完善质量投诉处理机制，着力打造共建共治共享的工程质量治理格局，推动工程品质提升，让人民生活得更方便、更舒心、更美好。

问:《意见》对完善建筑工程质量保障体系有什么总体考虑，主要采取了哪些措施?

答:《意见》指出，完善质量保障体系，提升建筑工程品质，要以习近平新时代中国特色社会主义思想为指导，全面贯彻党的十九大和十九届二中、三中全会以及中央城镇化工作会议、中央城市工作会议精神，按照党中央、国务院部署，坚持以人民为中心，牢固树立新发展理念，以供给侧结构性改革为主线，以建筑工程质量问题为切入点，逐步完善质量保障体系，不断提高工程质量抽查符合率和群众满意度，进一步提升建筑工程品质总体水平。

《意见》从四个方面明确了完善质量保障体系提升建筑工程品质的主要举措:

一是强化各方责任。突出建设单位首要责任，强化建设单位对工程建设全过程的质量管理；落实施工单位主体责任，推行工程质量安全手册制度；明确房屋使用安全主体责任，强化房屋所有权人和产权人管理职责；履行政府的工程质量监管责任，创新监管模式，健全监管体系。

二是完善管理体制。改革工程建设组织模式，推行工程总承包、全过程工程咨询和建筑师负责制；完善招标投标制度，探索建立更好满足项目需求的制度机制；推行工程担保与保险；加强工程设计建造管理，完善建筑设计方案审查论证机制，加强住区设计管理，严格控制超高层建筑建设；推行绿色建造方式，大力发展装配式建筑；支持既有建筑合理保留利用，建立建筑拆除管理制度。

三是健全支撑体系。完善工程建设标准体系，系统制定全文强制性工程建设规范；加强建材质量管理，建立从生产到使用全过程的建材质量追溯机制；提升科技创新能力，推进建筑信息模型（BIM）、大数据等技术的集成应用；强化从业人员管理，推行建筑工人实名制管理。

四是加强监督管理。推进信用信息平台建设，将工程质量违法违规等记录作为企业信用评价的重要内容；严格监管执法，强化工程质量终身责任落实；加强社会监督，完善建筑工程质量投诉和纠纷协调处理机制；强化督促指导，建立健全建筑工程质量管理、品质提升评价指标体系。

问：《意见》在改革创新方面有哪些亮点？

答：一是突出建设单位首要责任，落实质量主体责任。完善质量保障体系提升建筑工程品质，首先要明确工程建设各方主体应承担的权利和义务，健全权责一致、科学合理的质量责任体系。建设单位作为工程项目的投资者、决策者和组织者，其行为对工程品质具有决定性影响。2017 年，《国务院办公厅关于促进建筑业持续健康发展的意见》（国办发〔2017〕19 号）首次提出建设单位首要责任这一概念，为落实建设单位质量责任提供了政策依据。《意见》进一步细化了建设单位质量责任要求，提出建设单位应加强对工程建设全过程的质量管理，严格履行法定程序和落实项目法人责任制，保证合理工期和造价，不得违法违规发包工程。特别是通过建立工程质量信息公示制度，要求建设单位主动公开工程竣工验收等关键质量信息，有效解决信息不对称问题，督促建设单位认真履行质量承诺。

二是推行工程担保与保险，完善建筑市场机制。完善质量保障体系提升建筑工程品质，要充分发挥市场在资源配置中的决定性作用，着力解决建筑市场体系不完善、主体活力不足等问题。工程担保和保险是市场经济条件下防范和化解工程质量风险的基本手段，也是发挥市场对工程质量约束作用的重要途径。推行工程担保和保险，有助于规范工程承发包交易行为，为工程建设各方履行质量责任创造有利环境；有助于有效处置工程质量缺陷和质量投诉，维护群众利益；有助于运用保险等市场力量加强质量风险管控，确保工程质量。为此，《意见》提出推行银行保函制度，在有条件的地区推行工程担保公司保函和工程保证保险；招标人要求中标人提供履约担保的，招标人应当同时向中标人提供工程款支付担保；对采用最低价中标的探索实行高保额履约担保；组织开展工程质量保险试点，加快发展工程质量保险。

三是严格监管执法，完善质量监管制度。完善质量保障体系提升建筑工程品质，必须坚持厉行法治，强化政府对工程建设全过程的质量监管，严厉查处各类违法违规行为，建立健全严格、公正、权威、高效的监管制度。为落实政府监管责任，提升监管效率，《意见》提出鼓励采取政府购买服务的方式，委托具备条件的社会力量进行工程质量监督检查和抽测，全面推行“双随机、一公开”检查方式和“互联网 + 监管”模式，加强工程质量监督队伍建设，监督经费由同级财政预算全额保障，强化设计安全监管。为提高监管执法威慑力和有效性，《意见》提出强化工程质量终身责任落实，加大资质资格、从业限制等方面处罚力度，特别是坚持简化企业资质、强化个人资格的改革思路，严格落实个人执业资格责任，加大责任追究力度。

四是发挥标准引领作用，完善工程建设标准体系。完善质量保障体系提升建筑工程品质，要充分发挥工程建设标准的支撑和引领作用。经过近几十年的发展，我国已建立起具有中国特色的标准体系，组织制定了涵盖 30 余个行业和领域的 7000 余项工程建设标准，在保障工程质量安全、推进建筑业持续发展、推动中国建造走出去等方面发挥了重要支撑作用。但随着经济社会发展，我国工程建设标准也出现与国际接轨不够、标准提升机制不足等问题。《意见》以问题为导向，着眼于改革工程建设标准体系，创新标准形式、内容和属性，突出标准目标、质量水平、性能控制等内容要求，提出系统制定全文强制性工程建设规范，精简整合政府推荐性标准，培育发展团体和企业标准，组织开展重点领域国内外标准比对，加强国际交流合作，推动一批中国标准向国际标准转化和推广应用。

五是推行绿色建造方式，强化工程建设组织实施。我国每年建筑消耗的水泥、玻璃、钢材分别占全球总消耗量的 45%、42% 和 35%，传统建造方式资源消耗大、污染排放高，越来越不可持续，亟需大力推行绿色建造方式，强化适应绿色发展的工程建设组织实施模式。对此，《意见》提出要完善绿色建材产品标准和认证评价体系，进一步提高建筑产品节能标准，建立产品发布制度；推进绿色施工，降低施工过程对环境的不利影响；按照绿色建筑标准要求，完善绿色建筑评价标识制度；大力发展装配式建筑，鼓励企业建立装配式建筑部品部件生产和施工安装全过程质量控制体系，装配式建筑部品部件实行驻厂监造制度。

六是加强社会监督，完善社会治理能力。完善质量保障体系提升建筑工程品质，要坚持共建共治共享的理念和方法，充分调动社会各界和广大群众的积极性、主动性、创造性，提升质量的社会治理能力。对此，《意见》提出加强社会监督，加强行业自律，完善行业约束与惩戒机制；建立建筑工程责任主体和责任人公示制度，推行建筑工程项目质量信息公开，探索建立建筑工程质量社会监督机制，完善建筑工程质量投诉和纠纷协调处理机制，支持社会公众参与监督、合理表达质量诉求。为促使质量工作可量化、可监督、可考核，《意见》还提出建立健全建筑工程质量管理、品质提升评价指标体系，科学评价各地质量工作开展情况，客观衡量地方工程质量发展水平。在实践中，可积极探索利用社会第三方力量进行评价。

问：如何做好《意见》的贯彻落实工作？

答：2019 年 9 月 25 日，习近平总书记在出席北京大兴国际机场投运仪式时强调，大兴国际机场能够在不到 5 年的时间里就完成预定的建设任务，顺利投入运营，充分展现了中国工程建筑的雄厚实力，充分体现了中国精神和中国力量。他希望广大建设者在新的征程上再接再厉、再立新功。建筑工程品质管理链条长、环节多，是一项复杂的系统工程，做好这项工作任务艰巨、责任重大、使命光荣，必须把思想和行动统一到以习近平同志为核心的党中央的决策部署上，提高认识、真抓实干、务求实效，全面贯彻落实《意见》。

一是加强组织领导。各地区、各相关部门要把建筑工程品质提升工作摆上重要议事日程，建立健全领导体制和工作机制，加强统筹规划，细化工作措施，制定实施方案，完善保障措施，确保各项任务措施真正落地。

二是强化示范引领。鼓励有条件的地区积极开展改革创新试点，形成可复制、可推广的经验，不断完善建筑工程品质创新管理制度。

三是做好舆论宣传。充分发挥媒体作用，积极宣传各地的好经验、好做法，广泛宣传中国建造品牌，营造良好的社会氛围。

四是加强能力建设。加大对基层政策支持、业务指导、人员培训力度，切实提高基层监管队伍业务素质和工作能力，不断夯实质量工作基础。

财政部　税务总局　自然资源部
农业农村部　生态环境部

关于发布《中华人民共和国耕地占用税法实施办法》的公告

2019 年 8 月 29 日　　　　　　　　财政部公告 2019 年第 81 号

为贯彻落实《中华人民共和国耕地占用税法》，财政部、税务总局、自然资源部、农业农村部、生态环境部制定了《中华人民共和国耕地占用税法实施办法》，现予以发布，自 2019 年 9 月 1 日起施行。

特此公告。

附件：

中华人民共和国耕地占用税法实施办法

第一条　为了贯彻实施《中华人民共和国耕地占用税法》（以下简称税法），制定本办法。

第二条　经批准占用耕地的，纳税人为农用地转用审批文件中标明的建设用地人；农用地转用审批文件中未标明建设用地人的，纳税人为用地申请人，其中用地申请人为各级人民政府的，由同级土地储备中心、自然资源主管部门或政府委托的其他部门、单位履行耕地占用税申报纳税义务。

未经批准占用耕地的，纳税人为实际用地人。

第三条 实际占用的耕地面积，包括经批准占用的耕地面积和未经批准占用的耕地面积。

第四条 基本农田，是指依据《基本农田保护条例》划定的基本农田保护区范围内的耕地。

第五条 免税的军事设施，具体范围为《中华人民共和国军事设施保护法》规定的军事设施。

第六条 免税的学校，具体范围包括县级以上人民政府教育行政部门批准成立的大学、中学、小学，学历性职业教育学校和特殊教育学校，以及经省级人民政府或其人力资源社会保障行政部门批准成立的技工院校。

学校内经营性场所和教职工住房占用耕地的，按照当地适用税额缴纳耕地占用税。

第七条 免税的幼儿园，具体范围限于县级以上人民政府教育行政部门批准成立的幼儿园内专门用于幼儿保育、教育的场所。

第八条 免税的社会福利机构，具体范围限于依法登记的养老服务机构、残疾人服务机构、儿童福利机构、救助管理机构、未成年人救助保护机构内，专门为老年人、残疾人、未成年人、生活无着的流浪乞讨人员提供养护、康复、托管等服务的场所。

第九条 免税的医疗机构，具体范围限于县级以上人民政府卫生健康行政部门批准设立的医疗机构内专门从事疾病诊断、治疗活动的场所及其配套设施。

医疗机构内职工住房占用耕地的，按照当地适用税额缴纳耕地占用税。

第十条 减税的铁路线路，具体范围限于铁路路基、桥梁、涵洞、隧道及其按照规定两侧留地、防火隔离带。

专用铁路和铁路专用线占用耕地的，按照当地适用税额缴纳耕地占用税。

第十一条 减税的公路线路，具体范围限于经批准建设的国道、省道、县道、乡道和属于农村公路的村道的主体工程以及两侧边沟或者截水沟。

专用公路和城区内机动车道占用耕地的，按照当地适用税额缴纳耕地占用税。

第十二条 减税的飞机场跑道、停机坪，具体范围限于经批准建设的民用机场专门用于民用航空器起降、滑行、停放的场所。

第十三条 减税的港口，具体范围限于经批准建设的港口内供船舶进出、停靠以及旅客上下、货物装卸的场所。

第十四条 减税的航道，具体范围限于在江、河、湖泊、港湾等水域内供船舶安全航行的通道。

第十五条 减税的水利工程，具体范围限于经县级以上人民政府水行政主管部门批准建设的防洪、排涝、灌溉、引（供）水、滩涂治理、水土保持、水资源保护等各类工程及其配套和附属工程的建筑物、构筑物占压地和经批准的管理范围用地。

第十六条 纳税人符合税法第七条规定情形，享受免征或者减征耕地占用税的，应当留存相关证明资料备查。

第十七条 根据税法第八条的规定，纳税人改变原占地用途，不再属于免征或减征情形的，应自改变用途之日起30日内申报补缴税款，补缴税款按改变用途的实际占用耕地面积和改变用途时当地适用税额计算。

第十八条 临时占用耕地，是指经自然资源主管部门批准，在一般不超过2年内临时使用耕地并且没有修建永久性建筑物的行为。

依法复垦应由自然资源主管部门会同有关行业管理部门认定并出具验收合格确认书。

第十九条 因挖损、采矿塌陷、压占、污染等损毁耕地属于税法所称的非农业建设，应依照税法规定缴纳耕地占用税；自自然资源、农业农村等相关部门认定损毁耕地之日起3年内依法复垦或修复，恢复种植条件的，比照税法第十一条规定办理退税。

第二十条 园地，包括果园、茶园、橡胶园、其他园地。

前款的其他园地包括种植桑树、可可、咖啡、油棕、胡椒、药材等其他多年生作物的园地。

第二十一条 林地，包括乔木林地、竹林地、红树林地、森林沼泽、灌木林地、灌丛沼泽、其他林地，不包括城镇村庄范围内的绿化林木用地，铁路、公路征地范围内的林木用地，以及河流、沟渠的护堤林用地。

前款的其他林地包括疏林地、未成林地、迹地、苗圃等林地。

第二十二条 草地，包括天然牧草地、沼泽草地、人工牧草地，以及用于农业生产并已由相关行政主管部门发放使用权证的草地。

第二十三条 农田水利用地，包括农田排灌沟渠及相应附属设施用地。

第二十四条 养殖水面，包括人工开挖或者天然形成的用于水产养殖的河流水面、湖泊水面、水库水面、坑塘水面及相应附属设施用地。

第二十五条 渔业水域滩涂，包括专门用于种植或者养殖水生动植物的海水潮浸地带和滩地，以及用于种植芦苇并定期进行人工养护管理的苇田。

第二十六条 直接为农业生产服务的生产设施，是指直接为农业生产服务而建设的建筑物和构筑物。具体包括：储存农用机具和种子、苗木、木材等农业产品的仓储设施；培育、生产种子、种苗的设施；畜禽养殖设施；木材集材道、运材道；农业科研、试验、示范基地；野生动植物保护、护林、森林病虫害防治、森林防火、木材检疫的设施；专为农业生产服务的灌溉排水、供水、供电、供热、供气、通讯基础设施；农业生产者从事农业生产必需的食宿和管理设施；其他直接为农业生产服务的生产设施。

第二十七条 未经批准占用耕地的，耕地占用税纳税义务发生时间为自然资源主管部门认定的纳税人实际占用耕地的当日。

因挖损、采矿塌陷、压占、污染等损毁耕地的纳税义务发生时间为自然资源、农业农村等相关部门认定损毁耕地的当日。

第二十八条 纳税人占用耕地，应当在耕地所在地申报纳税。

第二十九条 在农用地转用环节，用地申请人能证明建设用地人符合税法第七条第一款规定的免税情形的，免征用地申请人的耕地占用税；在供地环节，建设用地人使用耕地用途符合税法第七条第一款规定的免税情形的，由用地申请人和建设用地人共同申请，按退税管理的规定退还用地申请人已经缴纳的耕地占用税。

第三十条 县级以上地方人民政府自然资源、农业农村、水利、生态环境等相关部门向税务机关提供的农用地转用、临时占地等信息，包括农用地转用信息、城市和村庄集镇按批次建设用地转而未供信息、经批准临时占地信息、改变原占地用途信息、未批先占农用地查处信息、土地损毁信息、土壤污染信息、土地复垦信息、草场使用和渔业养殖权证发放信息等。

各省、自治区、直辖市人民政府应当建立健全本地区跨部门耕地占用税部门协作和信息交换工作机制。

第三十一条 纳税人占地类型、占地面积和占地时间等纳税申报数据材料以自然资源等相关部门提供的相关材料为准；未提供相关材料或者材料信息不完整的，经主管税务机关提出申请，由自然资源等相关部门自收到申请之日起30日内出具认定意见。

第三十二条 纳税人的纳税申报数据资料异常或者纳税人未按照规定期限申报纳税的，包括下列情形：

（一）纳税人改变原占地用途，不再属于免征或者减征耕地占用税情形，未按照规定进行申报的；

（二）纳税人已申请用地但尚未获得批准先行占地开工，未按照规定进行申报的；

（三）纳税人实际占用耕地面积大于批准占用耕地面积，未按照规定进行申报的；

（四）纳税人未履行报批程序擅自占用耕地，未按照规定进行申报的；

（五）其他应提请相关部门复核的情形。

第三十三条 本办法自2019年9月1日起施行。

国家税务总局财产和行为税司负责人就《耕地占用税法》实施相关问题答记者问

2019年9月1日起，《中华人民共和国耕地占用税法》（以下简称《耕地占用税法》）正式施行，国家税务总局财产和行为税司负责人围绕《耕地占用税法》实施相关问题回答了记者提问。

问：《耕地占用税法》的实施将会在保护耕地方面发挥哪些作用?

答：我国是人均耕地少、农业后备资源严重不足的国家。截至2015年底，我国耕地面积只有约20.25亿亩，人均耕地面积仅有1.52亩，不到世界人均耕地面积的一半，耕地红线一定要守住。2019年9月1日，《耕地占用税法》以及相关配套文件正式施行，将从更高层级、以更大力度地贯彻落实国家最严格的耕地保护制度，限制非农业建设无序、低效地占用农业生产用地，以经济手段保护有限的土地资源，尤其是耕地资源，促进土地资源合理配置。

问：请问耕地占用税的纳税人具体包括哪些？

答：耕地占用税的纳税人为占用耕地建设建筑物、构筑物或者从事非农业建设的单位和个人。需要提醒纳税人注意的是，耕地占用税是对占用耕地以及其他农用地建设建筑物、构筑物或者从事非农业建设的行为进行征税。这种行为必须具备以下两个条件：一是占用耕地、园地、林地、草地、农田水利用地、养殖水面、渔业水域滩涂以及其他农用地；二是建设建筑物、构筑物或者从事非农业建设。值得关注的是，挖损、采矿塌陷、压占、污染等损毁耕地，属于《耕地占用税法》所称的“非农业建设”。

问：请问《耕地占用税法》对征税范围的界定有哪些新变化？

答：简单来说，耕地占用税征税范围新增了“园地”，同时对“林地”“牧草地”以及“渔业水域滩涂”的具体征收范围作了调整。

“园地”包括果园、茶园、橡胶园以及其他园地。“林地”中，将乔木林地、竹林地、红树林地、森林沼泽以及灌丛沼泽，纳入征收范围；“牧草地”调整为“草地”，同时，将沼泽草地、用于农业生产并已由相关行政主管部门发放使用权证的草地，纳入征收范围；“渔业水域滩涂”中，将用于种植芦苇并定期进行人工养护管理的苇田，纳入征收范围。

问：请问《耕地占用税法》的税额标准具体是怎么确定的？

答：从全国层面上看，各地人均耕地面积和经济发展情况的差异较大，人均耕地面积最多和最少的省份相差近10倍。各地平均税额标准也应与之相匹配，因此《耕地占用税法》将全国所有省份分为9档，分别确定了平均税额标准，并规定各省耕地占用税适用税额的平均水平，不得低于平均税额标准。其中，人均耕地面积不超过一亩的省份平均税额标准分为5档，依次为45元、40元、35元、30元和25元；人均耕地面积超过一亩但不超过三亩的省份平均税额标准分为2档，依次为22.5元和20元；人均耕地面积超过三亩的省份平均税额标准分为2档，依次为17.5元和12.5元。

各省范围内，由各省根据各县级单位人均耕地面积和经济发展情况，在税法规定的幅度内，制定辖区内各县级单位具体适用税额。

问：请问《耕地占用税法》在减免税优惠方面有哪些新变化，主要考虑是什么？

答：为保护耕地，切实发挥税收调节功能，《耕地占用税法》在税收优惠方面，基本维持《中华人民共和国耕地占用税暂行条例》（以下简称《暂行条例》）的优惠范围，坚持从严控制减免范围、支持公共基础设施与公益事业、形式规范和便于征管的原则。

其中，将“养老院”扩展为“社会福利机构”，将“医院”扩展为“医疗机构”，将因公牺牲军人遗属、符合农村最低生活保障条件的农村居民以及经批准搬迁的农村居民，纳入享受免税优惠范围等。

减免税范围的变化，主要考虑与国家发展战略及相关政策相协调。例如，将“养老院”扩展为“社会福利机构”，是参照《社会福利机构管理暂行办法》中“为建立与全面建成小康社会目标相适应的福利救助制度体系，应当给予税收优惠政策支持”的规定；将“医院”扩展为“医疗机构”，是更好地践行党的十九大报告中提出的健康中国战略；为保障国家对军人的抚恤优待，激励军人保卫祖国、建设祖国的献身精神，参照《军人抚恤优待条例》规定，将农村烈士遗属、因公牺牲军人遗属列入税收优惠范围；根据党中央、国务院《关于打赢脱贫攻坚战的决定》精神，不再区分鳏寡孤独以及老、少、边、穷地区，将《暂行条例》中对农村居民中的特定人群的减免税优惠范围，扩大到符合农村最低生活保障条件的农村居民；同时，为支持地方推进易地扶贫搬迁工作，《耕地占用税法》增加了农村居民搬迁减免税政策。

问：在纳税义务发生时间方面，纳税人需要关注哪些问题？

答：首先，纳税人需注意的是，纳税义务发生时间由“收到土地管理部门的通知之日”，变为“纳税人收到自然资源主管部门办理占用耕地手续的书面通知的当日”。

此前，《暂行条例》规定的纳税义务发生时间为“收到土地管理部门的通知之日”，但在实际土地管理中，“通知”没有统一、固定的形式，有书面通知、电话通知以及口头通知等形式。为使纳税义务发生时间更具确定性和可操作性，自然资源部同意在办理占用耕地手续时增加书面通知程序。也就是说，纳税义务发生时间为“收到办理占用耕地手续的书面通知的当日”。

同时，需要注意的是，《耕地占用税法》规定，纳税人应当自纳税义务发生之日起30日内申报缴纳耕地占用税。

问：《耕地占用税法》为什么强调涉税信息共享机制和工作配合机制？

答：耕地占用税的税收征管与国家土地、森林、草原管理以及土壤污染防治等紧密相关。为健全税收保障机制，切实提高税收共治水平，财政部、税务总局、自然资源部、农业农村部以及生态环境部五部委联合制发了《中华人民共和国耕地占用税法实施办法》，其中明确规定各地政府应建立健全耕地占用税部门协作和信息交换工作机制。对于发生占地行为未申报的，或者申报数据资料异常，占地方式、占地时间以及占地面积等计税要素无法确认的，由税务机关提请相关部门按照职责权限，对涉税事项进行复核认定。

财政部

关于印发《国有金融资本产权登记管理办法（试行）》的通知

2019 年 9 月 20 日　　财金〔2019〕93 号

国务院各部委、各直属机构，全国社会保障基金理事会，各省、自治区、直辖市、计划单列市财政厅（局），新疆生产建设兵团财政局，财政部各地监管局，各国有金融机构：

为贯彻落实《中共中央 国务院关于完善国有金融资本管理的指导意见》精神，建立健全全流程、全覆盖的国有金融资本基础管理体系，切实加强国有金融资本产权登记管理，及时、全面、准确反映国有金融资本变动与分布情况，实现国有产权全流程监管，防止国有资产流失，我部制定了《国有金融资本产权登记管理办法（试行）》，现印发给你们，请遵照执行。执行中有何问题，请及时反馈我部。

附件：

国有金融资本产权登记管理办法（试行）

第一章　总　　则

第一条　为加强国有金融资本产权登记管理，及时、全面、准确反映国有金融资本变动与分布情况，实现对国有产权变动的全链条动态穿透监管，防止国有资产流失，根据《中共中央 国务院关于完善国有金融资本管理的指导意见》（中发〔2018〕25号）、《企业国有资产产权登记管理办法》（国务院令第192号），制定本办法。

第二条　本办法所称国有金融资本，是指国家及其授权投资主体直接或间接对金融机构出资所形成的资本和应享有的权益。凭借国家权力和信用支持的金融机构所形成的资本和应享有的权益，纳入国有金融资本管理，法律另有规定的除外。

本办法所称金融机构，包括依法设立的获得金融业务许可证的各类金融企业，主权财富基金、金融控股公司、金融投资运营公司以及金融基础设施等实质性开展金融业务的其他企业或机构。

本办法所称产权登记是指财政部门对占有国有金融资本的金融机构产权及其分布状况、变动情况进行登记管理的行为。

第三条　在中华人民共和国境内或境外设立的占有国有金融资本的金融机构（以下统称金融机构），应按本办法规定办理产权登记。国有控股金融机构拥有实际控制权的境内外各级企业及前述企业投资参股的企业（以下统称所属企业），应当纳入产权登记范围，所属企业包括非金融企业。

前款所称国有控股金融机构是指国家控股或通过投资关系、协议、其他安排拥有实际控制权的金融机构（包括国有独资金融机构、国有全资金融机构）。

第四条　本办法将金融机构的实收资本按出资来源分为以下五类：

（一）国家资本，是指国家及其授权投资主体直接对金融机构的出资，以及凭借国家权力和信用支持的金融机构所形成的资本（法律另有规定的除外）；

（二）国有出资，由国家及其授权投资主体、国有独资企业、国有独资公司单独或者共同出资设立的企业出资所形成的资本；

（三）国有绝对控股出资，由国家及其授权投资主体和国有出资人直接或者间接合计持股比例超过50%不足100%的企业出资所形成的资本；

（四）国有实际控制出资，以上三类资本的出资人直接或者间接合计持股比例未超过50%但享有的表决权足以对股东（大）会决议产生重大影响，或通过股东协议、公司章程、董事会决议或者其他安排能够实际支配企业行为的企业出资所形成的资本；

（五）其他出资，以上四类出资人以外的企业、自然人或其他经济组织出资所形成的资本。

（一）、（二）、（三）、（四）类资本的出资人统称为国有控制出资人。

第五条 以下类型的股权可不进行产权登记：

（一）金融机构依法行使债权或担保物权而受偿于债务人、担保人或第三人，以及因开展受托理财等正常经营业务所形成的股权资产，不属于产权登记的范围，但要按相关规定做好内部登记和处置工作。

（二）以交易为目的持有的股权，不在长期股权投资项下核算的，不进行产权登记。当持有目的改变后，应当及时按规定办理产权登记。

第六条 产权登记的登记主体为金融机构。金融机构总部负责本级的产权登记申请工作，以及其所属企业的产权登记申请、审核、检查等监督管理相关工作，并对申报产权登记事项的真实性、完整性和合法性负责。

第七条 办理产权登记的机构应当权属清晰。产权归属关系不清楚、发生产权纠纷或者资产被司法机关冻结的，应当暂缓办理产权登记，并在产权界定清楚、产权纠纷处理完毕或者资产被司法机关解冻后，30日内申请办理产权登记。

第八条 国有金融资本产权登记和管理机关为同级财政部门。国有金融资本产权登记按照统一规制、分级管理的原则，由县级以上（含县级，下同）财政部门组织实施。

（一）财政部负责中央国有金融资本产权登记管理工作。

（二）县级以上地方财政部门负责本级国有金融资本产权登记管理工作。

上级财政部门指导和监督下级财政部门的国有金融资本产权登记管理工

作。财政部各地监管局根据财政部的委托，协助办理中央国有金融资本产权登记工作，开展属地国有金融资本产权登记监督管理工作。

第九条 各级财政部门履行以下职责：

（一）依法确认金融机构国有产权归属、理顺产权关系，核发产权登记证（表）；

（二）监督国有控股金融机构的出资和产权变动及处置行为；

（三）对金融机构产权被司法冻结等产权或有变动事项进行备案；

（四）监督金融机构国有资本经营状况；

（五）统计、监测、汇总和分析国有金融资本占有、使用和变动情况；

（六）向上级财政部门报送国有金融资本产权登记情况与产权变动状况分析报告。

国有金融资本产权登记管理制度、产权登记证（表）以及产权登记信息系统由财政部统一制订、制作和开发。

第十条 国有金融资本产权登记的职责划分：

（一）两个及两个以上国有控制出资人共同投资设立的金融机构，按拥有实际控制权的出资人的产权归属关系确定产权登记的主管财政部门；任一方均不拥有实际控制权的，按持股比例最大的一方确定；各方持股比例相等的，按其共同推举的一方确定。

（二）隶属于各级人民政府或政府部门直接管理的一级金融机构由财政部门核发产权登记证；其他机构由财政部门核发产权登记表。

第十一条 产权登记证（表）是金融机构办结产权登记的证明，是客观记载金融机构产权状况基本信息的文件，是金融机构依法占有、使用国有金融资本的凭证，是依法确认其国有产权归属关系的基础依据。

金融机构在办理国有股权类资产评估，国有产权转让等有关事项时，按规定须办理产权登记的，必须出具产权登记证（表）。

第二章　产权登记形式和内容

第十二条 产权登记分为产权占有登记、产权变动登记和产权注销登记。

第十三条 有下列情形之一的，应当办理产权占有登记：

（一）因投资、分立、合并而新设机构的；

（二）因收购、投资入股而取得机构股权的；

（三）其他应当办理产权占有登记的情形。

第十四条 产权占有登记应包括下列内容：

（一）机构出资人名称、出资类别、出资金额、出资形式及资金来源；

（二）机构注册资本、出资比例；

（三）机构名称及级次；

（四）机构组织形式及类别；

（五）机构注册时间、注册地；

（六）机构主营业务范围、所属行业；

（七）机构主要管理人员情况；

（八）财政部门要求的其他内容。

第十五条 申请办理产权占有登记，应当提交下列文件和资料：

（一）产权占有登记申请；

（二）国有金融资本产权占有登记申报表；

（三）经济行为决策或者批复文件；

（四）机构章程；

（五）出资证明文件以及占有单位的最近一期财务会计报告；

（六）主要出资人《营业执照》复印件或其他证明文件，国有控制出资人的国有产权证明文件；

（七）《营业执照》《事业单位法人证书》或《社会团体法人登记证书》复印件；

（八）财政部门认定需提交的其他文件和资料。

第十六条 有下列情形之一的，应当办理产权变动登记：

（一）名称、注册地、主营业务范围、境内机构法定代表人发生变动；

（二）注册资本发生变动；

（三）组织形式、机构类别及级次发生变动；

（四）国有控制出资人名称、出资类别、出资金额、出资比例发生变动；

（五）其他应当办理产权变动登记的情形。

第十七条 申请办理产权变动登记，应当提交下列文件和资料：

（一）产权变动登记申请；

（二）国有金融资本产权变动登记申报表；

（三）经济行为决策或者批复文件；

（四）产权登记证（表）；

（五）《营业执照》《事业单位法人证书》或《社会团体法人登记证书》复印件；

（六）修改后的机构章程；

（七）出资证明文件以及变动单位的最近一期财务会计报告；

（八）国有控制出资人发生变动的，提交新加入的国有控制出资人的《营业执照》《事业单位法人证书》或《社会团体法人登记证书》复印件及国有产权证明文件；

（九）通过产权交易机构转让国有产权、增资扩股的，提交产权交易机构出具的国有产权相关交易凭证；

（十）财政部门认定需提交的其他文件和资料。

金融机构申请办理产权变动登记仅涉及第十六条第（一）项以及仅涉及国有控制出资人名称变动的，可以只提交本条第（一）至（六）项和第（十）项规定的文件和资料。

第十八条 有下列情形之一的，应当办理产权注销登记：

（一）因解散、破产进行清算，并注销法人资格的；

（二）因产权转让、减资、股权出资、出资人性质改变等导致出资人中不再存在国有控制出资人的；

（三）其他应当办理产权注销登记的情形。

第十九条 申请办理产权注销登记，应当提交下列文件和资料：

（一）产权注销登记申请；

（二）国有金融资本产权注销登记申报表；

（三）经济行为决策或者批复文件；

（四）注销证明；

（五）产权登记证（表），《营业执照》《事业单位法人证书》或《社会团体法人登记证书》复印件；

（六）机构的资产清查、清算报告，或者资产评估备案表、核准文件；

（七）国有产权（股权）有偿转让或者整体改制的协议、方案；

（八）受让方为企业的，应当提交《营业执照》复印件；受让方为事业单位或社会团体的，应当提交《事业单位法人证书》或《社会团体法人登记证书》复印件；受让方为自然人的，应当提交自然人有效的身份证复印件；

（九）通过产权交易机构转让国有产权的，提交产权交易机构出具的转让国有产权的交易凭证；

（十）财政部门认定需提交的其他文件和资料。

第三章　产权登记程序

第二十条　金融机构（含所属企业，下同）发生产权登记相关经济行为时，应当自相关经济行为完成后30日内，申请办理产权登记。逾期后申请补办的，应书面提交由本单位主要负责人签字的申请文件，说明逾期原因；财政部门应在产权登记证（表）中注明“补办”字样。

第二十一条　金融机构申请办理产权登记，应当按照产权登记系统填报要求，填写有关登记内容和相关经济行为合规性资料目录，并提交有关文件和资料（含电子文档），逐级报送金融机构总部。金融机构总部对登记内容及相关经济行为的合规性进行审核后，通过产权登记系统向财政部门申请登记。

金融机构总部申办本级产权登记时，还应当将所需提交的文件和资料的纸质材料整理成卷，附加目录清单。未按要求提交文件和资料的，财政部门不予受理。

第二十二条　财政部门应当自收到金融机构总部报送的产权登记信息起30日内，对符合登记要求的金融机构予以办理产权登记；对经济行为操作过程不符合相关规定的金融机构，财政部门应当向金融机构总部下发限期整改通知书，完成整改后予以办理产权登记。

第二十三条　产权登记申请材料已经财政部门审核通过的金融机构，由财政部门按规定核发产权登记证（表）。

金融机构产权注销登记后，产权登记证（表）应当及时收回，予以注销。

第二十四条　金融机构未办理产权占有登记的，发生产权变动或者注销情形时，应当先补办产权占有登记，再申请办理产权变动或者注销登记。未办理产权占有登记的不得进行国有产权转让。

金融机构补办产权占有登记时，应当提交其设立（被收购、投资入股）和自设立（被收购、投资入股）至补办产权占有登记时发生的产权变动文件和资料。

第四章　产权登记监督与管理

第二十五条　金融机构总部及其所属企业应当建立健全产权登记制度和工

作体系，落实产权登记管理工作责任，明确本单位职能部门和岗位人员。金融机构总部应当对制度执行情况进行监督检查。年度检查结果应当书面报告财政部门。

第二十六条 财政部门应当对金融机构产权登记工作的日常登记情况、年度检查情况和限期整改事项落实情况等进行监督，并向有关单位通报情况。

第二十七条 金融机构总部应当于每年5月20日前，完成上一年度本级及其所属企业的产权登记情况的监督检查工作，并报财政部门备案。年度监督检查备案材料包括：

（一）产权登记年度监督检查结果报告；

（二）国有金融资本产权登记监督检查表；

（三）国有金融资本经营年度报告书；

（四）产权登记证（表）和《营业执照》《事业单位法人证书》或《社会团体法人登记证书》复印件；

（五）经注册会计师审计的上一年度财务会计报告；

（六）财政部门认定需提交的其他文件和资料。

第二十八条 国有金融资本经营年度报告书是反映金融机构在检查年度内国有金融资本经营状况、产权变动情况的书面文件。主要报告以下内容：

（一）国有金融资本保值增值情况；

（二）国有资本金实际到位和增减变动情况；

（三）国有资本金的分布及结构变化，包括对外投资及投资收益情况；

（四）金融机构本级及其所属企业发生产权变动以及办理相应产权变动登记情况；

（五）提供担保以及资产被司法机关冻结等产权或有变动事项；

（六）其他需要说明的问题。

第二十九条 下级财政部门应当于每年6月20日前，编制并向上级财政部门报送上一年度本级国有金融资本产权登记年度汇总表与产权变动状况的分析报告。

第三十条 金融机构应当及时对产权登记年度监督检查中发现的问题进行整改，并按照本办法规定，申请补办产权登记或者对原有登记内容进行更正。未按要求及时整改的，财政部门对相关单位给予通报批评或警告。

第三十一条 财政部门依据产权登记监督情况和问题整改情况，在产权登记证上签署年度监督意见。

第三十二条 任何单位和个人不得伪造、涂改、出租、出借、出售产权登记证（表）。产权登记证（表）若有遗失或者毁坏的应说明情况，再向原核发产权登记证（表）的财政部门申请补领。

第三十三条 金融机构应保证申报材料的全面真实有效，按规定填写相应的产权登记内容，并在规定期限内如实申报产权占有、变动和注销登记的有关文件资料，确保电子文档与纸质材料一致。

第三十四条 财政部门、金融机构总部应当建立健全产权登记档案管理制度；金融机构总部对办理完成的产权登记事项，应当及时将有关资料整理归档，分户建立产权登记档案。

第三十五条 金融机构在办理产权登记过程中，有下列行为之一的，由财政部门责令其改正。情节严重的，对单位给予通报批评，可以按规定处以罚款，并提请有关部门或单位对相关领导人员和直接责任人员按照规定给予处分。造成国有资产损失的，依照有关规定追究相关单位领导人员和有关人员的责任，涉嫌犯罪的，依法移送司法机关处理：

（一）未按本办法规定及时、如实申请办理产权登记的；

（二）伪造、涂改、出租、出借、出售产权登记证（表）的；

（三）其他违法违规行为。

第三十六条 在国有金融资本产权转让和处置过程中，按规定须办理产权登记的金融机构未出示产权登记证（表）的，产权交易机构不得受理其转让申请。

第三十七条 财政部门工作人员在产权登记工作中应严格执行本办法，不得玩忽职守、滥用职权。存在违规登记及其他滥用职权、玩忽职守、徇私舞弊等违法违纪行为的，按照《公务员法》《监察法》等有关规定追究责任；涉嫌犯罪的，依法移送司法机关处理。

第五章　附　　则

第三十八条 各省级财政部门可以根据本地区实际情况制定地方国有金融资本产权登记管理具体办法，并报财政部备案。

第三十九条 国有控股金融机构所属事业单位等下属机构视为其子企业进行产权登记。

第四十条 行政事业单位（除金融管理部门外）所办的金融机构和非金融国有企业集团所办的金融机构，应当向相应国有资产监督管理机构申请办理产权登记。

取得国有资产产权登记证（表）的上述金融机构，依证（表）向财政部门报备产权信息，财政部门不重复审核。

第四十一条 本办法自 2019 年 10 月 20 日起施行。《金融类企业国有资产产权登记管理暂行办法》（财金〔2006〕82 号）同时废止。

出入境证件身份认证管理办法（试行）

2019 年 9 月 11 日　　　　国家移民管理局

第一条 为保证出入境证件身份认证工作正常开展，规范认证管理服务，根据《中华人民共和国出境入境管理法》《中华人民共和国护照法》《中华人民共和国网络安全法》《国务院关于在线政务服务的若干规定》等法律法规，制定本办法。

第二条 国家移民管理局负责建设出入境证件身份认证平台，授权并指导、监督出入境管理信息技术研究所开展出入境证件身份认证工作。

第三条 本办法所称出入境证件身份认证，是指向依法依规应当查验个人身份信息的经营者（以下简称使用单位）提供对当事人所持出入境证件信息进行一致性核验。

第四条 出入境证件身份认证采取以下方式：

（一）实名认证，对出入境证件持有人的姓名、证件号码、出生日期等信息进行一致性核验，返回核对结果；

（二）实人认证，对出入境证件持有人的人像信息进行一致性核验，返回核对结果；

（三）证件电子信息识读，对出入境证件所载芯片内电子信息进行识读，返回识读结果。

第五条 使用单位应当符合以下条件：

（一）在中华人民共和国境内注册，具有独立法人资格，遵守中华人民共和国相关法律法规；

（二）依法依规应当查验当事人身份；

（三）对使用出入境证件身份认证的信息系统具有所有权或者运营权；

（四）具备安全使用出入境证件身份认证的技术保障环境；

（五）使用出入境证件身份认证不会危害国家安全、损害公共利益和他人合法权益。

第六条 使用单位申请开通出入境证件身份认证应当提供以下材料：

（一）使用单位基本情况表；

（二）企业营业执照复印件，事业单位、社会团体、基金会、社会服务机构法人登记证书复印件；

（三）使用出入境证件身份认证的合法性说明材料，包括需要使用出入境证件身份认证的法律法规依据，业务领域、应用场景、认证内容等；

（四）对使用出入境证件身份认证的信息系统具有所有权或者运营权的权属证明；

（五）使用出入境证件身份认证的信息系统的安全性说明材料，包括软硬件运行环境、网络架构、系统模块组成、安全防护措施等。

使用单位应当对上述材料的真实性负责。如果上述材料登记事项发生变更或者失效的，应当自变更或者失效之日起十五日内重新提交。

第七条 出入境证件身份认证提供方为使用单位开通出入境证件身份认证，应当按以下程序办理：

（一）使用单位在线申请并提交本办法第六条规定的材料；

（二）出入境证件身份认证提供方对申请材料进行核查，发出通过核查、不通过核查和补充申请材料通知；

（三）核查通过后，双方开展平台对接调试；

（四）调试结束后，双方签订使用和安全保密协议；

（五）开通出入境证件身份认证业务。

第八条 出入境证件身份认证提供方评估使用单位认证量需求，确定采用移动数字证书或者签名验签服务器方式接入出入境证件身份认证平台。

第九条 使用和安全保密协议中应当包括以下内容：

（一）使用单位应当在约定的业务范围内合法合规正当使用出入境证件身份认证，不得将出入境证件身份认证功能转让给任何的第三方使用；

（二）使用单位应当制定安全管理制度和应急预案，保障使用出入境证件身份认证的信息系统、移动数字证书和签名验签服务器的安全；

（三）出入境证件身份认证提供方保证平台能足够满足正常的认证需求；

（四）出入境证件身份认证提供方应当及时提供身份认证结果；

（五）暂停或者终止出入境证件身份认证业务的各类情形。

第十条 出入境证件身份认证服务提供方应当依据相关规定，指导和监督使用单位依规正确规范使用出入境证件身份认证平台。

第十一条 使用单位不得利用出入境证件身份认证业务以任何理由向任何单位或者个人收取费用。

第十二条 使用单位具有以下情形之一的，出入境证件身份认证服务提供方应当及时提示并纠正：

（一）未遵守、执行安全管理制度和管理措施；

（二）访问流量异常的；

（三）使用运营中存在安全风险的。

使用单位应当在接到提示通知之日起十日内改正并反馈结果。

第十三条 使用单位具有以下情形之一的，出入境证件身份认证提供方应当暂停认证服务：

（一）接到提示通知后，未能在十日内改正的；

（二）未按照本办法第六条第二款规定重新提交材料的；

（三）超范围使用出入境证件身份认证的；

（四）因使用单位的信息系统存在管理问题，影响出入境证件身份认证平台正常运行的；

（五）违反使用和安全保密协议的行为；

（六）违反法律法规、本办法的其他行为。

使用单位应当在接到暂停出入境证件身份认证通知之日起三十日内改正，对于在上述时限内改正并经核查确认后，可以重新开通认证业务。

第十四条 使用单位具有以下情形之一的，出入境证件身份认证提供方应当终止认证业务：

（一）接到暂停认证通知后，未能在三十日内改正的；

（二）提交不真实或者虚假资料的；

（三）不再符合本办法第五条规定条件的；

（四）转让出入境证件身份认证功能或者泄露身份认证结果的；

（五）利用出入境证件身份认证业务向任何单位或者个人收取任何费用的；

（六）将出入境证件身份认证用于违法违规用途的；

（七）其他违反双方使用和安全保密协议的严重行为的；

（八）违反法律法规、本办法的其他行为，情节严重。

第十五条 出入境证件身份认证提供方发现使用单位使用认证业务有违法犯罪嫌疑的，应当及时报告有关部门依法查处。

第十六条 本办法由国家移民管理局负责解释。

第十七条 本办法自公布之日起试行。

[新类型疑难案例选评]

高某诉南通市妇幼保健院不履行法定职责案

刘羽梅　金保阳*

【裁判要旨】

为新生儿命名是其监护人的义务，不得随意抛弃和滥用。当新生儿父母无法就新生儿姓名形成一致意见时，需要考虑新生儿的成长条件、受抚养及教育情况，以“最有利于被监护人”的原则，综合选择确定为新生儿命名的主体。

按照国务院卫生行政部门的规定，医疗保健机构具有签发出生医学证明的法定职责，但并不具有审查新生儿父母对新生儿姓名是否达成合意的权力。居民身份证仅具有证明公民身份信息的意义，虽然相关规范性文件要求，签发出生医学证明需要申请人提交新生儿父母有效身份证原件并留存复印件，但其目的是审核确定新生儿父母的身份信息并以留存复印件的形式作为备查的需要。当新生儿母亲因客观原因无法提供新生儿父亲身份证原件的情形下，提供载有其身份信息的法院裁判文书，应当视为具有与身份证原件同等的法律效力，医疗机构不能以未提供身份证原件为由拒绝签发出生医学证明。

【基本案情】

原告（被上诉人）高某。

被告（上诉人）南通市妇幼保健院。

第三人（上诉人）朱某剑。

---

* 作者单位：南通市中级人民法院行政庭。

2015年8月25日，高某在南通市妇幼保健院产下一子。南通市妇幼保健院向高某出具了《〈出生医学证明〉首次签发登记表》，记载了产妇姓名高某的基本信息及新生儿性别等分娩信息，同时记载父亲姓名朱某剑及基本信息。2016年7月11日，高某因与朱某剑感情不和，向法院提起诉讼，请求判令二人离婚，婚生子由高某抚养等。同年9月18日，法院作出判决，该判决载明朱某剑的身份信息，准予高某与朱某剑离婚，婚生子随高某共同生活。朱某剑不服，经上诉，二审法院维持一审判决。2018年1月，高某向南通市妇幼保健院申请为其子办理《出生医学证明》，提交了《生育一孩服务通知单户口申报联》《分娩证明》《〈出生医学证明〉首次签发登记表》、民事判决书等材料。南通市妇幼保健院答复高某需要提供朱某剑的居民身份证原件，否则不予办理。高某不服，提起诉讼，请求判令南通市妇幼保健院为其于2015年8月25日所生之子出具母亲为高某、父亲为朱某剑的《出生医学证明》。

【审判结果】

南通市港闸区人民法院于2018年8月6日作出南通市港闸区人民法院（2018）苏0611行初251号行政判决：责令南通市妇幼保健院在判决生效之日起二十日内为高某于2015年8月25日所生之子出具母亲为高某、父亲为朱某剑的《出生医学证明》。南通市妇幼保健院、朱某剑不服原审判决，提起上诉。

南通市中级人民法院二审认为，为新生儿命名直接关系到新生儿各项基本权利的获得，是新生儿父母应当履行的监护义务，不得随意抛弃或滥用。在新生儿父母无法就新生儿姓名形成一致意见时，需要本着“最有利于被监护人”的原则确立选择规则。本案中，高某与朱某剑离婚后，新生儿随高某共同生活，高某将担负起新生儿从牙牙学语到长大成人的抚养、教育、保护等主要监护义务，朱某剑则承担每月支付相应抚养费的法定义务。为新生儿命名作为监护义务的组成部分，在高某坚持由其为新生儿命名的情形下，选择确定由高某为新生儿命名更为合理，因为高某需要承担更多的抚养义务。朱某剑提出的新生儿当然随其姓氏与《中华人民共和国婚姻法》关于子女可以随父姓，可以随母姓的规定不符，且与高某相较，人民法院并无应当采信朱某剑主张的理由。

《中华人民共和国母婴保健法》并未赋予医疗保健机构在出具《出生医学证明》时应当审查新生儿父母对新生儿姓名是否达成合意的职责。南通市妇幼保健院提出的提交新生儿父母身份证件原件才具有体现新生儿父母对申领

《出生医学证明》形成合意的主张为当事人增设了义务。本案中，朱某剑、高某经由法院判决准许离婚，高某提交的生效民事判决书不仅确认了高某、朱某剑的身份信息，还对两人与婚生子的父母关系予以了司法确认，且该民事判决书中记载的朱某剑的身份信息与南通市妇幼保健院提供给高某的《〈出生医学证明〉首次签发登记表》中的信息相同，完全可以满足南通市妇幼保健院核实确认朱某剑身份信息的需要，应当视为出具《出生医学证明》的条件已经具备。南通市妇幼保健院不予出具《出生医学证明》的理由不能成立。

江苏省南通市中级人民法院于2019年1月21日作出江苏省南通市中级人民法院（2018）苏06行终711号行政判决：驳回上诉，维持原判。

［评析］

新生儿姓名无法协商确定不是办理出生医学证明的阻却要件

本案系因医疗机构拒绝签发出生医学证明引发的争议，新生儿父母双方因家庭、婚姻等原因无法就新生儿姓名协商一致，一方拒绝提供身份证原件，致使另一方无法取得出生医学证明。本案除涉及出生医学证明的行为性质认定及救济途径选择，父母为新生儿命名的行为定性，新生儿命名“僵局”时的处理方式，还涉及法律规定的原则性与具体适用过程中灵活性的关系。

一、出生医学证明属可诉的行政行为

出生医学证明是依据《中华人民共和国母婴保健法》出具的证明新生儿出生时状态、血亲关系以及申报国籍、户籍取得公民身份的法定医学证明。出生医学证明的内容主要包括新生儿姓名、性别、出生日期、时间、出生孕周、体重、身长、出生地点、医疗机构等出生状况信息以及新生儿父母的姓名、年龄、国籍、民族、住址、有效身份证件类别及证件号码等身份信息。对于出生医学证明的核发、记载内容等的事项的救济途径，实践中存在一定分歧。在黄某生诉北京市怀柔区卫生区撤销出生医学证明案中，法院认为出生医学证明在性质上属于医学上的一种证明行为，与医院开具的处方、诊断证明、出院报告等材料一样，并不针对社会事务的管理。从其内容上看，主要记载新生儿姓名、出生日期等客观

事实状况，目的是保证新生儿父母的信息与实际相符，产生权利义务的具体设定必须借助户口登记，其本身不设定权利义务关系，没有必要将一种医学证明行为作为行政管理措施，其不应纳入行政诉讼的受案范围。[①] 该观点忽视了出生医学证明的行为性质，出生医学证明系医疗机构根据法律法规的授权行使公共管理职能的具体方式，具有独立性，直接影响新生儿国籍、户籍、血亲关系等方面权利的取得，对新生儿及其父母的权利义务产生直接影响。

（一）公共行政职能，是出生医学证明可诉性的关键

从法律属性上看，出生医学证明属于行政确认，直接关涉利害关系人的权利。确认性行政行为，一般系指行政主体对法律关系或者事实状态加以确认，作出使之具有法律意义的行政决定。[②] 行政主体通过对相对人已经发生或者形成的社会关系进行法律上的认定并宣示其效力，表现为对现有存在的法律关系的肯定，具有行政证明的效力。行政主体通过行政确认行为能够引起有关当事人的权利义务关系变化，表现为对权利义务的设定、增减、直接或者间接影响相对人的实质权利义务。出生医学证明系医疗机构依照法律法规的规定为新生儿出具的记载基本信息及父母血亲关系的一种行政证明，具有行政确认的性质。出生医学作为一种行政确认行为，是个人的“人生第一证”，是新生儿取得户籍和国籍登记、确认与父母的血亲关系、获得母婴保健等的凭证，直接涉及新生儿及其父母的权利。出生医学证明系医疗机构基于法律规范的授权履行社会管理职能的一种表现形式，不仅涉及个人、家庭的权利保护，而且涉及公共管理秩序。出生医学证明的管理状态、核发流程、内容准确与否直接关系到户籍登记制度、国家人口秩序的有序运转，具有当然的社会管理属性。出生医学证明作为一种国家制度行为，对整个社会个体在宪法和法律上的权利具有重要的影响，具有明显的权利影响性。[③] 正是基于这样的行为属性，出生医学证明作为行政行为的一种具体形态，直接关涉相对人的权利义务关系，应当纳入行政诉讼的受案范围。

（二）行政主体地位，是出生医学证明可诉性的前提

行政主体是指，具有行政职权，能够以自己的名义作出行政行为并能够独

① （2011）怀行初字第27号行政裁定书。

② 章剑生：《现代行政法总论》，法律出版社2019年版，第146页。

③ 参见程时菊、黄欣：《论出生医学证明的可诉性——以公共行政职能为视角》，载《行政法学研究》2011年第1期。

立承担法律责任的组织。① 《中华人民共和国行政诉讼法》第二十六条规定，作出行政行为的行政机关为被告。第二条第二款规定，对于法律、法规、规章授权的组织作出的行政行为，也可以起诉。行政诉讼的被告一般有两类，一类是行政机关，一类是法律、法规、规章授权的组织。根据《中华人民共和国母婴保健法》第二十三条规定，医疗保健机构和从事家庭接生的人员按照国务院卫生行政部门的规定，出具统一制发的新生儿出生医学证明。医疗机构是以救治生命、修复、保障人民健康为主要目的的公共事业组织，既属于民事主体，也根据法律法规的授权履行诸如核发出生医学证明的公共管理职责，在履行公共管理职责过程中能够以自己的名义核发出生医学证明，并能独立对外承担行政法责任，具备当然的行政主体资格。

实践中，有的案件虽承认出生医学证明的可诉性，但在被告主体的选择时，却以卫生行政部门为被告。伍某诉北海市卫生局不履行撤销出生医学证明监管职责案中，被告为北海市卫生局，认为根据《中华人民共和国母婴保健法实施办法》第三十四条，县级以上地方人民政府卫生行政部门负责本行政区域内的母婴保健监督管理工作。② 基于卫生行政部门的监管职责，通过起诉该部门要求撤销出生医学证明，实际上是认为医疗机构不具备行政诉讼主体资格。实际上，衡量是否可以独立成为行政诉讼被告的标准是，具备行政职权并能够以自己的名义对外独立承担责任。“谁行为，谁被告”是行政诉讼法确立的一般原则，让行政行为的作出主体成为行政诉讼的被告，是解决行政争议的基本要求，也是诉讼经济的必然考量，能够以最低的诉讼成本实现法律效益的最大化，这也是行政效能原则的必然要求。行政诉讼被告的认定标准应当相对简单，不应当用复杂的行政结构问题和正确的被告问题为公民增加负担。③ 医疗机构依法登记设立，具备组织机构代码证，根据法律规范的授权，应当作为被诉出生医学证明案件中的适格被告。尤其在服务行政背景下，基于公共职能的行使以及社会管理的需要，社会公共组织基于授权越来越多的履行行政管理职能，在符合法律规定要件的情况下，理应具备行政主体及被告主体资格。

---

① 杨海坤、章志远：《中国行政法基础理论研究》，北京大学出版社2004年版，第179页。

② （2014）北行终字第22号行政判决书。

③ 参见［德］弗里德赫尔穆·胡芬：《行政诉讼法》，莫光华译，法律出版社2003年版，第199页。

（三）权利救济的现实，是出生医学证明可诉性的基础

实践中，通过民事审判庭，采取民事途径解决，在法律适用上一般适用民事法律规范；纳入行政审判庭审理，在实体法律选择上，往往会更多选取行政法律规范，不同的审判组织在公法、私法的选择、适用偏好、适用能力等因素上存在明显差异，不同的诉讼程序，往往也会导致审理结果的不尽相同。[①] 因出生医学证明具有明显的公法属性，民事审判无论从审理对象，审查范围、能力，还是调整范围，都存在这先天的不足。出生医学证明案件进入民事诉讼容易引起对个人权利保护不周延、对公共利益关照不足、裁判执行困难重重等缺陷，在行政诉讼中可以得到明显改善。

二、为新生儿命名的行为性质分析

当前，父母对未成年子女的姓名，尤其对姓氏争夺比较突出。主要表现在办理出生医学证明时，争抢新生儿的姓氏，进而因姓氏协商不一致，无法就新生儿姓名协商一致，或者夫妻双方离婚后，更改孩子姓氏，引发纠纷。本案就是这样的典型，因夫妻双方离婚后，无法就新生儿姓名协商一致，父亲一方拒绝提供其身份证原件，医疗机构以此为由拒绝出具出生医学证明。

（一）理清新生儿命名争议的缘由

根据《中华人民共和国行政诉讼法》第六条规定，人民法院审理行政案件，对行政行为是否合法进行审查。这就意味着通常情况下对于进入行政诉讼的案件，人民法院只会审查行政行为的合法性，对除此之外的行为内容并不审查。对于要求核发出生医学证明的案件，通常存在三方主体即新生儿父母双方及医疗机构，主要表现为两个争议，一是新生儿父母之间的争议，一般主要表现为对新生儿姓名的争议，另一个是新生儿父母一方与医疗机构就办理出生医学证明的争议。本案之所以在审查医疗机构是否核发出生医学证明这一行政行为的合法性之外，审查厘定新生儿父母为新生儿命名这一行为属性主要是基于以下两个方面的考虑：

第一，实质解决行政争议是行政诉讼的宗旨。通常情况下，人民法院对被诉行政行为的合法性审查，主要围绕职权、程序、事实、法律等方面进行，更多表现为对行政行为合法性的关切，容易忽视原告实质的诉讼请求，以及行政

① 参见吕晓华：《我国行政合同的司法救济》，载《行政论坛》2006 年第 1 期。

争议背后的深层次原因。直接导致的后果是，即使判决撤销了被诉行政行为，但因忽视背后实质行政争议，往往会产生循环诉讼。本案中通过准确厘定为新生儿命名的行为属性及在僵局情形下的处理规则，顺应了权利保护的理念，以原告诉讼请求为起点，纠偏完全以被诉行政行为合法性审查的弊端，在保护权利的同时一并监督行政主体依法行政，有助于从根源上化解争议。

第二，发挥裁判理由的“既判力”效果。行政诉讼判决的既判力系指，在行政诉讼过程中，法院就原告以起诉的形式主张的法律关系作出判断一旦确定，便拘束其后的诉讼，适用一事不再理的原则，对各方当事人、法院都具有拘束力，防止纷争反复。[①] 通常来讲，判决的既判力仅限于判决主文，而不涉及判决理由，但一般来说，判决主文和判决理由构成了判决书的主要部分，判决理由是人民法院根据查明的事实，通过推理、论证，得出纠纷处理的结论，二者之间具有内在逻辑的一贯连续性。从某种程度看，判决理由才是判决的灵魂。实践中由于判决主文往往比较简略，有时只有借助判决理由才能确定判决主文的具体内容。[②] 尤其在判决驳回原告诉讼请求时，判决主文的指向对象抽象而不具有针对性，需要结合判决理由方可综合确定既判力的实际射程范围。对于前诉案件当事人提起的行政诉讼，但其所涉纠纷涉及民事争议等情形时，适时对民事争议问题予以理由阐述，不仅有助于明晰案件结论，也有助于发挥判决理由拘束力的效果。基于判决理由的拘束力，不允许胜诉当事人在后诉中推翻前言而取得与前诉利益根本对立的双重利益，也不允许败诉当事人提出与前诉相抵触的攻击和防御方法，对于人民法院而言在后续裁判中也应当受到拘束。[③] 本案中，对新生儿命名这一争议，是解决出生医学证明纠纷的关键，通过在裁判理由部分的分析论证，不仅增加裁判文书的说明度，提高接受性，同时也为后续可能引发的争议提供了基本指引，避免了再行相关争议或诉讼的可能性，既能够避免不同判断之间的矛盾，也符合诉讼经济原则。

（二）从权利义务的角度看父母为新生儿命名的行为属性

《中华人民共和国民法总则》第一百一十条规定，自然人享有生命权、姓名权等权利。每个人都有自己的名字用以区别于其他人，姓名是自然人之间彼此区分的标志。姓名的作用主要体现在，辨明个人身份，表明血缘关系，便于

① 参见杨建顺：《论行政诉讼判决的既判力》，载《中国人民大学学报》2005年第5期。
② 参见杨建华：《问题研析民事诉讼法（二）》，台湾地区三民书局1987年版，第203页。
③ 参见江伟、肖建国：《论既判力的客观范围》，载《法学研究》1996年第4期。

社会管理，涉及公民的重大利益。从社会管理的角度看，姓名是社会管理的主要识别方式，是维护社会秩序，实现良性控制的基础要素。从个人以及文化传承的角度看，承载了对先祖敬重、家庭文化传承，具有丰富的文化内涵，是社会主流价值的重要载体。从汉语言学的角度，姓名被解释为“人的姓氏和名字”，姓主要用于表示家族身份，名主要为了辨明自己身份，一般而言姓的选取较名的确定限制更多。通常认为，姓名权是公民依法享有的决定、使用、变更自己的姓名并要求他人尊重自己姓名的一种人格权利，即姓名决定权、姓名使用权、姓名变更权。①

本案的争议主要系因新生儿父母因对新生儿姓名产生分歧，进而一方拒绝提供居民身份证原件导致医疗机构拒绝办理出生医学证明。而在姓名的选择上，姓的选择表现更为突出。根据《中华人民共和国婚姻法》第二十二条规定，子女既可以随父姓，也可以随母姓。父母为子女命名是一种亲权的体现，父母基于身份而享有并承担对未成年子女的人身及财产进行教养和保护的权利和义务，父母在决定未成年子女姓名时，系以对子女人身财产权利进行保护为目的。因未成年子女的年龄所限，不具有民事权利能力，不可能选取自己的姓名，父母实际上系基于亲权代为行使命名的权利，基于亲权的权利属性，既是一项权利也是一种义务，父母为新生儿命名是其基本权利，也是履行监护义务的表现，新生儿父母不得随意抛弃或滥用。在命名出现僵局时，不能任由僵局久拖不决，而应该确定一个选择规则，即综合成长条件、生活情况等因素以最有利于被监护人的原则，选择新生儿的命名主体。

三、关于对“有效身份证件”的解释与适用

国卫妇幼发52号《国家卫生和计划生育委员会、公安部关于启用和规范管理新版〈出生医学证明〉的通知》规定，签发机构审验新生儿父母有效身份证件原件并留存复印件后，按照《出生医学证明首次签发登记表》内容签发。实际中，医疗机构通常认为，有效身份证件一般是指居民身份证。

这里主要涉及行政法规范内容的理解与适用问题，行政法适用是行政机关根据具体事实对照行政法规范作出行政行为的过程，法规范由构成要件和法定效果两部分组成，行政机关对个案中存在的用证据证明的案件事实，对照法律

① 参见宋天一、陈光斌：《从“北雁云依案”看姓名决定权与社会公序的价值冲突》，载《法律适用》2019年第6期。

规范，完成一个完整的行政法适用的过程。[1] 案件事实是用证据证明的实然存在，法律要件是应然的可能。在法律规范的构成要件上，法律概念是最基本的单元，由于人类语言表达能力的局限，以及客观世界的复杂多变，使得行政法上的法概念，除了时间、地点、数量等之外，绝大多数充满了不确定。法概念大体可以分为两类，相对确定性法律概念——经验性概念，如水、土体等，不确定法律概念——价值性概念，如公共利益、严重影响等。根据法律概念的确定程度，对行政机关课以幅度不同的自由裁量空间，及司法审查程度，虽然对于经验性概念的裁量空间明显偏小，但依然存在裁量的幅度。实际上，完全确定的概念一般具有唯一的界限，只有对于存在唯一判断比如《中华人民共和国国务院组织法》规定，各部设部长一人，该处一人不存在判断和裁量余地，但对于看似确定的有效身份证件依然存在不确定性空间。

正是因为法律概念的不确定性以及社会实践的复杂性，这就决定了在具体适用过程中需要解释。假使要与字义相联结，则“解释”意指，将已包含于文字之中，但被掩盖住的意义“分解”、摊开并且予以说明。[2] 法律解释的目的在于明确法律规定的目的，虽不能解决法律本身是否正当的问题，但可以适应具体案件的灵活多变，同时为防止解释的恣意，说明解释的具体理由以及明确适用的具体原则即可。根据《最高人民法院关于审理行政案件适用法律规范问题的座谈会纪要》第四条规定，在裁判案件中解释法律规范，是人民法院适用法律的重要组成部分。人民法院对于所适用的法律规范，一般按照其通常语义进行解释；有专业上的特殊涵义的，该涵义优先；语义不清楚或者有歧义的，可以根据上下文和立法宗旨、目的和原则等确定其涵义。这里涉及文义解释、体系解释、目的解释。

文义解释一般要采用文字的通常用法，是法律适用者探寻法律含义的出发点。[3] 根据文意解释，国卫妇幼发52号规定的提交新生儿父母有效身份证件并留存复印件，按照通常理解，有效身份证件系指居民身份证。居民身份证是由公安机关统一制作、发放、证明居住在我国境内的公民身份的证明文件。申请人提交父母双方的居民身份证原件即可满足该构成要件。但现实中，基于婚

① 章剑生：《现代行政法总论》，法律出版社2019年版，第87页。

② ［德］拉伦次：《法学方法论》，陈爱娥译，商务印书馆2004年版，第192页。

③ 李洪雷：《行政法释义学：行政法学理的更新》中国人民大学出版社，2014年版，第132页。

姻、家庭等原因，往往出现不能同时提交新生儿父母双方居民身份证原件的情形。对于有效身份证件应采取较为宽泛的理解，即只要提供经过相关有权机关确认的能够记载新生儿父母基本身份信息的证明文件，都应当视为有效身份证件。

前述文义解释的合理性也可从目的解释的角度得以印证。法律规范来源于目的，反过来法律规范需要有助于目的的实现，法律解释是为了获得法规范的旨意，并适用于个案的处理，满足实现法目的的需要，服从于法律的目的，并实现法目的。根据目的解释，提供有效身份证件应该指提供明确记载其父母身份信息的证明，并留存复印件已备查验，其目的是以防止身份信息错误或者登记混乱。在父母已经离婚时，一方提供记载双方信息的法院裁判文书应当视为提供了“有效身份证件”。

进行解释时的说明理由义务。行政行为说明理由是指行政主体在作出对相对人合法权益产生不利影响的行政行为时，除法律有特别规定外，必须向行政相对人说明其作出该行政行为的事实因素、法律依据以及进行自由裁量时所考虑的政策、公益等因素。[①] 为消弭案件事实与法律规范之间的紧张关系，只有说明理由，才能提高结果的公正性，抑制行政恣意，增强相对人的接受度，减少不必要的对抗，起到源头化解行政争议的效果。法律解释几乎伴随案件裁判的始终，一方面能为复杂社会治理提供弹性空间，另一方面，也是一把双刃剑，稍有不慎就会被滥用。解释权的规范行使固然可以通过设定解释规则、严格执行先例实现，但解释无处不在、无时不有，且具有一定的专业性，只有在产生结论以及输出结果的过程中充分说明作出决定理由，才能使得裁判结论具有解释正当性的前提。本案中，从三个方面也即母婴保健法并未赋予医疗机构在出具出生医学证明时审查新生儿父母对新生儿姓名是否达成合意的职责、仅凭身份证原件也无法知晓新生儿父母对新生儿姓名是否达成合意、南通市妇幼保健院为当事人增设立不必要的义务，以上三点对新生儿姓名无法协商确定不是办理出生医学证明的阻却要件进行了充分的理由说明，符合法律解释的一般规则，说理论证充分，具有较强的信服力。

该案二审判决作出后，从及时保障新生儿合法权益，解决相关行政争议的考量，法院、公安机关、卫健委等单位就做好出生医学证明签发工作进行专题

① 章剑生：《论行政行为说明理由》，载《法学研究》1998 年第 3 期。

研究，并形成会议纪要。纪要明确，一是要准确认识出生医学证明的法律属性。出生医学证明直接关系新生儿公民身份的获得，对新生儿的权利义务具有重大影响，医疗机构应当及时为新生儿签发出生医学证明。二是要准确把握出生医学证明的签发要件。医疗机构在签发出生医学证明时填写的新生儿姓名以申请人在申请书中填写的姓名为准，无需核实确认该姓名是否体现了新生儿父母的合意，同时新生儿母亲提交的其他有效材料足以证明新生儿父亲身份信息的，应当视为新生儿父母信息齐全。三是要积极优化出生医学证明的签发流程。医疗机构应树立服务理念，从保障新生儿权益的角度，优化签发流程，在新生儿出生后，及时、主动签发出生医学证明，并明确因法定条件无法出具出生医学证明的处理办法。会议纪要的出台有效提升出生医学证明的签发工作，实现了法律效果与社会效果的统一。

原告陈某生诉被告温州市公安局瓯海区分局公安行政赔偿案

黄良聪*

【裁判要旨】

1. 在审理国家赔偿案件中，原告认为被告存在侵权事实行为，应由原告承担举证责任。

2. 公安民警抓捕涉赌人员的行为系依法执行公务，但在抓捕中未尽合理保障抓捕安全义务，导致参赌人员人身损害的，应承担相应的赔偿责任。

【基本案情】①

原告陈某生，男，1966 年出生，汉族，住江西省赣州市石城县。

---

* 温州市瓯海区人民法院行政庭庭长。

① 一审案号：温州市瓯海区人民法院（2018）浙 0304 行赔初 8 号、温州市瓯海区人民法院（2018）浙 0304 行赔初 9 号。

被告温州市公安局瓯海区公安分局。

2017 年 5 月 9 日 21 时许，瓯海公安分局新桥派出所在瓯海区娄桥街道众兴路 42 号抓捕涉赌人员，涉赌人员在听到路过警车的警笛声时向外逃跑，在逃跑过程中原告陈某生被涉赌人员冲倒在地受伤。新桥派出所民警将原告陈某生送往医院治疗，经医生诊断为右侧胫骨上段骨折累及关节面。2018 年 4 月 4 日，原告向被告提出国家赔偿申请，2018 年 6 月 1 日，被告作出温瓯公赔决字（2018）1 号国家赔偿决定书，对原告陈某生提出的赔偿事项不予赔偿。原告不服，向本院提起行政诉讼，要求：（1）确认被告温州市公安局瓯海分局新桥派出所民警于 2017 年 5 月 9 日晚执法时对原告撞击殴打的行为违法。（2）判令被告赔偿原告医疗费、后续医疗费、护理费、住院伙食费、误工费、交通费、伤残赔偿金、被抚养人生活费、精神抚慰金费等共计 503753. 4 元。

【审判】

温州市瓯海区人民法院认为：《最高人民法院关于审理行政赔偿案件若干问题的规定》第三十二条规定："原告在行政赔偿诉讼中对自己的主张承担举证责任。被告有权提供不予赔偿或者减少赔偿数额方面的证据。"本案原告认为被告民警对原告进行撞击殴打，但没有提供相应的证据予以证实。被告民警抓捕涉赌人员的行为系依法执行公务，根据被告提供的证据，证明被告的民警在执法中不存在撞击殴打原告的行为，故原告要求确认被告民警对原告进行撞击殴打行为违法的诉讼请求，本院不予支持。据此，依照《中华人民共和国行政诉讼法》第六十九条的规定，判决驳回原告陈某生要求确认被告温州市公安局瓯海区分局民警于 2017 年 5 月 9 日晚执法时对原告撞击殴打行为违法的诉讼请求。另外，被告抓捕行为虽系执行公务，但在抓捕过程中，被告存在布控不合理，对相关安全措施处置不到位等情况，应承担一定的赔偿责任，经法院主持调解，原被告自愿达成协议：被告温州市公安局瓯海区分局赔偿原告陈某生医疗费、后续医疗费、护理费、住院伙食费、误工费、交通费、伤残赔偿金、被抚养人生活费、精神抚慰金费等损失共计 299000 元（不包括被告于 2018 年 8 月 8 日前支付原告陈某生的金额）。

［评析］

公安机关未尽保障抓捕安全义务造成公民人身损害的，应承担相应的赔偿责任

本案系公安机关在实施抓捕参赌人员过程中，参赌人员受伤要求赔偿的行政案件。审理中，主要争议为原告受伤经过事实的认定及双方的责任问题。

一、原告受伤的原因不明，应由原告承担举证责任

本案的原告系参赌人员，在逃跑过程中受到撞击倒地受伤，至于是如何受伤，原被告存在争议。原告诉称系被告便衣民警撞击殴打受伤，被告认为原告系被涉赌人员冲倒在地受伤，民警在抓捕过程中并没有撞击殴打原告陈某生的行为。对该事实的认定，应由原告承担举证责任，同时，被告可以提供证据证明不存在该事实行为。在事实真伪不明的情况下，根据举证责任的分配规定，应由原告承担不利后果。

二、民警在抓捕中未尽合理保障抓捕安全义务，导致参赌人员人身损害的，应承担相应的赔偿责任

公安民警抓捕参赌人员系正常履行职务，原告在该过程中受到伤害，并且属于家庭困难人员，原告的损失应通过国家赔偿还是通过补偿或救助得到弥补，审理中存在争议。在国家责任体系中，赔偿是国家因违法过错对公民造成损害而承担的法律责任，补偿是国家因合法行为对公民造成的损害所给予的救济，救助是国家对因遭受犯罪侵害或民事侵权的公民，无法经过诉讼获得有效赔偿而给予的适当救济。本案中，被告的抓捕行为虽不存在违法行为，但在抓捕过程中被告存在布控不合理，对相关安全措施处置不到位等情况，应承担一定的赔偿责任。另外，原告系参赌人员，在听到警笛声后四处逃窜，到自身损害的发生，其自身具有不可推卸的责任，故应承担一定的责任，并自行承担相应的经济损失。

《最新法律文件解读》丛书
稿　约

《最新法律文件解读》是一套以为最新法律规范提供同步"解读"为主的系列丛书,分为刑事、民事、商事、行政与执行4个分册,按月出版。

本丛书以"解读"为重点,突出全、专、新、快、准等特点,通过对最新出台的法律、法规、司法解释、部门规章以及重要地方性法规进行同步动态解读,弥补了法律、法规、司法解释汇编类出版物没有同步阐释、解读内容的不足,为广大读者学习理解最新法律规范,正确贯彻执行法律文件,及时解决实践中的新情况、新问题,提供一个全方位、多层面的法律信息平台。

欢迎您向以下栏目赐稿:

【最新法律文件解读】主要是对最新颁行的法律文件进行解读,帮助司法和执法人员正确理解法律文件的立法背景、意义、重点内容、在适用中应注意的问题、与相关法律文件的衔接与互动关系等等。

【司法实务问题研究】主要刊登对司法理论、实务及司法管理工作中的热点、疑难问题进行研究及评论的文章。

【新类型疑难案例选评】主要是对司法和行政执法实践中具有典型性和代表性的疑难案例,结合具体案情以及审理或处理结果进行简练精辟的点评,解析认识问题的方法、处理问题的法律依据和在个案中的具体适用。

【法学前沿与新视点】以摘要的形式刊登相关法学理论研究的最新动态及具有代表性和典型性的前沿问题,扩展法学研究的深度和广度。

【法律适用问题解答】主要针对司法和行政执法实践中面临的新问题、热点问题、疑难问题进行简要的解答,指出涉及的法律关系,明确法律适用依据。

稿件一经刊用,即付稿酬,稿酬从优。

《刑事法律文件解读》　姜　峤　邮箱:bj85250573@126.com

《民事法律文件解读》　丁丽娜　邮箱:dlnlaw@163.com

《商事法律文件解读》　路建华　邮箱:shangshijiedu@126.com

《行政与执行法律文件解读》　张　奎　邮箱:271717306@qq.com

人民法院出版社

《最新法律文件解读》丛书编辑部